현대신서
139

위기의 대학

몇 가지 시급한 진단과 처방

ARESER
(고등 교육과 연구에 관한 생각의 모임)

김교신 옮김

東 文 選

위기의 대학

ARESER

Quelques diagnostics et remèdes urgents pour
une université en péril

차 례

서 문

　이것은 보고서, 즉 정부 기관의 요구에 따라 어떤 위원회에 의해 생산된 맞춤글이 아니다. 압력 단체를 구성하는 교원 단체가 단체의 이익을 주장하고자 펴낸 탄원서는 더욱 아니다. 조합이나 정당의 정견은 더더군다나 아니다. 이것은 오히려 고등 교육의 상황에 관한 열린 편지 같은 어떤 것으로서, 대개 교육 제도 연구를 전공한 학자들이기도 한 교수들은 여기서 대학에 관한 그들의 진단을 제시하고 대학을 제자리로 돌려 놓기 위해 시급한 몇 가지 처방을 제시하고 있다.

　누구에 의해 그들에게 요구된 적도 없고, 그래서 그들도 개인적으로는 그것으로부터 아무것도 기대하지 않는 이 작업은, **무관심** 속에 잠겨 있는 대학 문제들을 그것으로부터 벗어나게 하려는 의지에서 고취된 것이다. 다양한 조사를 통해 우리는, 아이들의 교육은 가족들이 가장 많이 관심을 갖고 염려하는 문제이며, 친구들 간의 대화에서 가장 많이 말하는 문제이고, 우리가 가장 많은 시간·돈·관심을 투자하는 문제라는 것을 알고 있다. 그런데 역설적으로 대학의 운명은 아무도 염려하지 않는 듯하다. 그렇지만 우리는 **이기적이고 경쟁적인 교육 계획 전체를 교육 제도를 위한 합리적인 집단 계획으로 변화**시킬 수 있어야 비로소 그랑제콜, 연합 단과대학 같은 프랑스의 고등 교육 제도를 구할 수 있을 것이라고 확신하고 있다. 이것은 설령 위원회들을 통해 많은 것을 알고 있는 장관이라 해도, 한 사람의 장관에게 맡겨지기에는 너무 중요한 전환——혹은 의식화——작업이다. 그리고 그것이 성공을 거두기 위해서는 모든 **관계자들**, 학생들 또는 대학생들, 학부모들, 모든 단계와 모든 학과의 교수들이 **학위·권위·지식 등 교육 제도로부터 얻을 수 있는 것의 가치가 교육 제도의 가치에 달려 있다**는 사실을 이해하고, 교육 분야에서 그들의 개인적인 계획들은 그것들이 참다운 교육과 참다운 학위를 제공할 수 있으며, 국제 경쟁에 맞서 싸울 준비가 된 학자들과 가장 앞선 상태의 지식을 전달할 수 있는 준비를 갖춘 교사들뿐만 아니라 유능한 노동자들(교육은 가장 중요한 생산 요소들 가운데 하나가 되었다)과 깨우친 시민들을 생산할 수 있는, 현대적이고 효과적인 교육 제도를 근거로 할 때에야 비로소 **정말로** 실현될 수 있다는 사실을 이해한다는 것을 전제로 한다. 사실 한 나라의 시민들에게, 그들이 실제로 가진 것은 허울뿐인 학습에 그릇되게 몰두한 대학생들에게 학교의 평가절하된 아시냐 지폐(1789년부터 1797년 사이에 사용된 지폐)로 임금을 지불하는 '취로 사업장' 같은 것뿐인데도, 그들이 교육 제도를 갖고 있다고 믿는 것보다 위험한 일은 아무것도 없을 것이다.

무관심으로부터 벗어나기

정말로 우리는 정치의 영역까지 갈 것이다. 적어도 종이 위에서는, 우리가 행정과 입법 기관을 대체하고 **입법부로서** 행동하는 정도까지 갈 것이다. 하지만 우리는 아주 엄격하게 우리의 문제들, 그리고 그것들을 해결하기 위해 우리가 소유한 무기들, 연구의 무기들, 즉 **자율적인 지식인**들과 함께 거기에 갈 것이다. 이것은 정치인들이 이해하고 우리에게 허락하기 어려운 일일 것이다. 그들은 우선 그들이 '지식인들'이라고 부르는 자들이 지지를 표명하고, 항상 정치적 가입과 소속 안에서 그들의 공식 입장을 결정한다는 원칙을 추구할 것을 요구한다. 우리는 잘못 받아들여지고 잘못 이해된 감정(鑑定)과 무익한 전투적 태도라는 대안을 거부하고, 여기서 **어떤 새로운 유형의 정치적 행동**을 창시하고자 한다. 다시 말해 교육 제도의 추세에 관한 적절한 연구 작업과 집단 토론, 분석 작업을 통해 개입된 모든 사람들, 즉 대학생들, 교수들, 행정 직원들 전체에게 어떤 계획을 둘러싸고 **집단 의식화**해 줄 것을 제안하고자 한다. 그리고 그것은 우리가 윤곽을 잡는 방향 결정에서부터, 우리가 제안하는 조직 구조(특히 '대학 의회')를 통해, 요컨대 진정한 **교육 제도의 합리적인 자기 경영**을 구상하는 일이 될 것이다. 그것이 정신 나간 야망일까? 그렇게 생각하는 사람들은 어떤 힘들(특히 관습의 힘) 때문에 그들이 그들처럼 제도 안에 삽입돼 있고, 그것을 생각할 수 있는 모든 도구를 다 갖춘 사람들보다 성(省)·국(局)·중앙 행정부 같은 어떤 기관이 그것들을 합리적으로 다스리기에 더 적합하다고 믿게 됐는가를 자문해 봐야 할 것이다.

우리는 어떤 심각하고 대단한 위기가 어떤 문제들의 존재를 상기시키기에 충분한 혼란들을 만들어 낼 때에만 고등 교육과 연구를 염려한다. 그 문제들은 한번도 철저하게, 명확하게 다뤄진 적이 없는데, 왜냐하면 개혁들은 항상 위급할 때 사람들을 진정시키고 생살이 드러난 상처에 붕대를 감기 위해 시작됐거나 다시 시작됐기 때문이다. 우리는 이런 식으로 적극적 행동주의와 '엄격함'으로의 귀환을 번갈아 한다. 그 엄격함은 대학생들의 압력이 지나치게 강렬히 느껴지는 순간 느슨해진다. 바로 이런 장기적 반성의 결여와 결별하는 것, 모든 것이 탈의식화 방향으로 갈 때 의식화하는 것을 본래 계획으로 하는 **ARESER**는 여기서 미래를 위한 몇 가지 행동 원칙을 제시하려 한다.[1]

역사적인 감상거리의 결여로 몇몇 사람들이 믿는 척하는 것과는 달리, 이것은 프랑스에도 그 어느곳에도 결코 존재하지 않았던 어떤 이상적인 대학을 그리려는 것도 아니고, 모든 고등 교육을 가능한 조직 모델들 중 하나, 이과의 학과들이 그것들의 미국판 안에서 제시하는 것에 의해 판단하려는 것도 아니다. 그 모델은 비록 민주주의적 수사학으로 감추긴 했어도 여전히 엘리트주의적이며, 우리에게도 다양한 형태의 학교 또는 초선택적 과정 안에 그와 똑같은 것이 있다. 프랑스의 고등 교육 중 대학 부분이 다른 유럽 나라들의 대학보다 열등하다면, 그것은 대부분 특권을 누리는 분야가 고수하는 눈가림 때문이다.

교육 역사학자와 사회학자들뿐만 아니라 가장 높은 정치적 책임자들도 그랑제콜의 발달 과정을 약간의 대중 선동책과 함께 가르쳐 왔다. 우리는 이 기관이 많은 결과를 생산한다고 믿고 있는데, 사실 그 중 가장 해로운 것들은 보통 우리가 적발해 내지 못하는 것들이다. 첫째 그랑제콜은 이미 태생적으로 유리한 입장에 있는 소수[2]에게 유리한 단체 재정 자원에서 지나치게 큰 몫을 독점

---

1) 고등 교육 내의 연구와 관련된 문제들은 여기서 다뤄지지 않았다. 그것들은 이미 **ARESER**의 출판 대상이었으며, 특정 작업 안에서 다시 취급될 것이다.

2) 오늘날 파리이공과대학과 고등사범학교 학생의 80%, 국립행정학교 학생의 90% 이상이 기업의 사장, 자유업자, 또는 교직자 가장을 둔 가정 출신이다.

하며, 그런 식으로 학교 분류와 교육 양식의 이름으로 이중 혜택을 받고 있다. 더군다나 이 분류와 양식도 철저한 재검토를 받아야 한다. 둘째 그랑제콜은 교육 과정, 취직 자리, 학습 유형 사이에 상당히 낡은 문화적 모델로부터 물려받은 시기상조의 서열을 수립한다. 가장 넓은 특권·권력·사회적 망을 향유하는 그랑제콜은 근접 과정들에게 모방의 유혹을 야기시키고——그것은 결함을 확대한다——그것을 위기에 처하게 할 수도 있는 개혁을 억제한다. 셋째 그랑제콜은 다른 서구 제도들에 비해 프랑스의 고등 교육을 고립시킨다. 다른 서구 제도들에 이와 똑같은 것은 없지만 그들도 그들의 학위 소지자들을 프랑스만큼 잘 선별·지도하고 있으며, 프랑스 학교들의 정원 제한론적 엘리트주의보다 더 폭넓은 사회적 지위의 향상마저도 가능하게 만들고 있다.

다시 말해 그랑제콜·대학 같은 고등 교육의 구성 요소 전체를 고려하지 않고는 어떤 개혁도 눈에 띄는 결과를 제공하지 못할 것이라는 얘기이다. 왜냐하면 지배받는 분야(대학의, 그리고/또는 단기의)의 기능 장애는 지배하는, 폐쇄된 분야의 사회적 결과에 부분적으로 그 책임을 돌릴 수 있기 때문이다.

분열되고 분산된 대학 사회의 여러 가지 다양한 현실을 반영하기 위해, 우리는 문헌 안에 모아지고 우리의 지지자들에 의해 공급된 모든 정보들을 동원하려고 노력했다. 하지만 모든 제안을 끝없이 명시할 의무감은 갖지 않았다. 그러면서도 반주지주의가 몇몇 기자들과 자유주의 지지자들의 이기주의적인 도움을 받아 끝없이 진보하고 있다는 어떤 의견에 동조하여, 대학의 입장을 불리하게 할 우려가 있는 비굴한 불평이나 생생한 증언으로 빠지지 않았다. 우리가 일반적인 분석들, 증언들, 또는 사례 연구들, 총체적인 제안들을 번갈아 제시하려는 것도 그 때문이다. 혁신적이고 현실적인 제안들의 구상과 형성에 대한 주된 장벽은 어떤 세계의 불투명성 자체이다. 그 세계에 관한 지식의 도구들은 공인된 원천에서 나온 것이든 국한된 조사에서 나온 것이든 손에 넣기가 힘들었는데, 왜냐하면 그것들은 진행중인 변화에 비해 항상 불완전하거나 변경됐기 때문이다. 우리는 관점의 다양성에 의해 그것들 각자의 편파성을 수정하려고 노력하고 있다. 그렇지만 17세부터 67세까지 아우르는 다양한 계층에 속하는 수백만 개인들이 대개는 서로를 알지도 못하는 채로 나란히 걸어가는 어떤 세계에 관한 철저함 또는 절대적 진실을 바라지는 않겠다. 대학들과 연구 시설들은 동시에 기업, 행정 기관, 생활의 현장, 과거의 박물관, 갈등 공간, 미래의 실험실이며, 그밖의 다른 많은 숨겨진 기능들을 수행하고 있다.

이 제도가 극도로 불투명한 원인들 가운데 하나는, 모든 애송이 개혁가들이 망각하는 잘못을 저지르지만 그들의 조처에 의해 야기된 반응들이 그들에게 고통스럽게 상기시키는 역사의 두께이다. 그렇다고 그들이 그것으로부터 어떤 결론을 도출해 내는 것도 아니다. 만일 우리가 대학이라는 말에 대부분의 유럽 국가들이 갈망하는 의미를 부여한다면 프랑스 사람들이 편리하게, 습관적으로 이웃 나라들을 흉내내어 대학이라 부르는 것은 실제로는 존재하지 않는다. 프랑스 밖에서 대학은 대개 백과사전적인 기관으로서, 직원과 예산 면에서 현실적인 조정의 폭을 갖고 있다. 대학은 상대적 경쟁 환경 안에 위치하는데, 그것은 바로 거의 모든 시설들이 동등한 교육을 제공하기 때문이다. 프랑스에서는 사정이 다른데, 왜냐하면 1968년 이후의 분할에서 벗어난 중간 규모 도시들(이를테면 브장송 · 디종 · 낭트)의 일부 대학들을 제외하고는 모든 학과를 포괄하는 대학이 아주 드물기 때문이다. 경쟁은 파리 지역, 그리고 여러 대학들이 유사한 강좌들을 제공하는 론알프 지역 같은 변두리에만 존재한다. 결국 국민교육성은 교육 과정들을 확고하게 통솔하고(국립학위 견본과 함께), 모집 절차와 자리의 분배를 규정하며, 예산의 가장 큰 몫을 제공하고 있다. 교육 과정의 상대적인 전문화로 인해——그것은 1968년 5월 이후의 정치적 충돌에서 유래하는 탈선과 함께 오래된 단과대학들을 다소 참조한 것이다——프랑스 대학들은 자율적인 허위 시설들로서 교육 시장에 불평등한 무기들을 갖추고 등장하고 있다.

우리는 대학의 주된 문제들에 관한 분석을 통해 이런 불평등과 기능 장애의 원인을 결정하고, 그 결과들에 대항하기 위한 구체적인 방안들을 제안하려고 노력할 것이다. 우리는 고등 교육, 평등, 민주주의, **공공 서비스**에 관한 어떤 생각에 근거하는 선택들에 모든 사람이 찬성할 거라고 믿을 만큼 순진하지는 않다. 대학 세계만큼이나 분열되고 서열이 뚜렷한 어떤 세계 안에서는 모든 선택이 반드시 어떤 기존의 이해 관계를 거스르게 돼 있다. 그렇지만 중상모략이 담긴 어떤 담론과는 달리, 우리는 교수들과 대학생들 사이에는 비축된 열의가 존재한다는 것을 느끼고 있다. 또한 일부 기술주의적 분석들과 달리, 우리는 보다 적은 것을 가지고 더 잘할 수 있다고는 생각지 않는다. 프랑스 대학들은 유럽의 다른 대학들보다 넉넉한 배당을 받지 못했다. 왜냐하면 고등 교육의 전체 예산이 그것의 크기에도 불구하고 다양한 형태의 기관과 과정들 사이에서 상당히 불평등하게 분배되기 때문이다. 그리하여 전체 인원의 4%에 불과한 그랑제콜과 특수대학 준비반 학생들이 고등 교육 예산의 30%를 차지한다. 더 일반적인 예로 1993년 프랑스는 고등 교육에 PIB의 1.1%를 할애한 데 반해 OECD[경제협력개발기구]에 속하는 나라들은 평균 1.7%를 할애했다. 다시 말해 OECD 국가들이 대학생 1인당 평균 9천6백70달러를 쓴 데 반해 프랑스는 6천33달러를 쓴 것이다.[3] 따라서 우리는 2개의 토론을 벌이지 않을 수 없다. 하나는 교육 제도 안에서, 모든 차원에서 재원의 사용 유형들간의 우선권에 관한 토론. 다른 하나는 국민 앞에서, 프랑스가 교육과 연구 분야에 쏟는 야심과 그동안 쌓인 지체를 따라잡고 이웃 나라들의 수준을 회복하기 위해 필요한 이례적인 노력에 관한 공개 토론(대체하는 과거의 결핍들은 인구의 변화에 관한 단순한 분류에 만족하는 것을 금한다). 하지만 이런 노력은 그것이 **대학 공동체의 의식화**를 동반할 때에만 의미가 있다. 그리고 그것은 이런 늘어난 재원을 사고의 구조와 관습의 철저한 변화를 위해 사용하게 한다. 이것은 결국 프랑스가 하나의 진정한 대학을 갖추기 위해 필요한 조건이라 할 수 있다.

대학의 계획화 법안을 위하여

장기적인 대학 정책 개념은 80년대말에야 간신히 세상에 나왔다. 그런데 선거로 인한 교대가 통치자들에게 여러 해 동안 협상

---

3) C. 알레그르 《지식의 나이. 대학의 부흥을 위하여》, 파리, 갈리마르출판사, 1995년, 15쪽. 이것은 J. 제틀라우이의 《교육에 관한 시선들》(현재 진행중인 미간행 논문)에서 제시한 수치이다.

된 일부 목표들을 재검토하는 기회를 아주 빨리 공급했다. 물론 정부(특히 우파)는 오래 전부터 군의 계획화 법안을 수용하거나 사회적 또는 정치적인 이유로 일부 산업들에게 많은 보조금을 허락해 왔으면서도 '예산의 압박'을 통해 주어진 발언권의 부족을 정당화했다. 더 깊게 들어가면 고등 교육의 가장 선별적인 과정에서 유래한 대부분의 정책들 자체도 대학 투자의 긍정적 효과를 믿지 못하고, 이런 범주의 공적 지출을 장기적 차원에서 고려하는 것을 거부하고 있다. 이런 태도는 고등 교육의 혜택을 받지 못한 대부분의 국민, 특히 주요 당사자들인 대학인들의 무관심에 의해 조장되고 있다. 그들 대부분은 효과적인 방식으로 집단 행동하기보다는 그들의 특정 문제들에만 관심을 기울인다.

우리는 몰락의 악순환만을 낳는 이런 부정적 합의를 거부한다. 프랑스 대학의 역사는 실제로 국제적 차원에서 지적 부활의 시기나 고등 과학이 높은 생산성을 보인 시기가 장기적인 노력에 의해 만들어졌다는 것을 증명하고 있다. 90년대의 노벨 물리학과 화학상 수상들은 50년대에 시작된 연구 정책의 결실이다. 반대로 현재의 위기는 인구의 급증과 70-80년대의 고약한 맬서스식 정책간의 제휴로부터 유래하는 것으로서, 다가올 몇 년 동안 생길 퇴직자들을 대거 교체해야 할 바로 그 순간에 배치의 부족을 낳고 있다.

따라서 우리는 대학의 계획화 법안의 불가피한 특성을 재확인하는 바이다. 그것은 지불 기일 기재 장부에 의해 공급되는 재원과 모집의 산정에 관한 공개 토론의 도구에 그치지 않을 것이다. 그것은 또 모든 분야에서 재검토와 재조정을 촉구하는 하나의 제휴 안에 국가가 분명히 참여하는 것만도 아닐 것이다. 그것은 특히 분열에 의해 위협받고 다양한 출처의 긴장과 모순으로 신음하는 대학의 집단 방어 도구가 될 것이다. 그것은 결국 의식화와 사고의 도구로서의 역할을 통해 직원들의 탈의식화와 사기 저하에 맞서 투쟁하기 위한 하나의 도구가 될 것이다. 설령 우리가 예산상의 권리에서 그런 문서는 알리는 가치밖에 가질 수 없다는 것을 모르지 않는다 해도, 10년을 내다본 계획화 법안만이 다음과 같은 것들을 보장할 수 있다.

• **재정적 참여.** 이것은 과업의 증가와 일치하고, 과업의 증가는 불가피하게 정원의 증가를 동반하며, 결국은 제1기 과정의 사회적·문화적 이질성의 증가와 관련된 기능 장애를 극복하기 위해 필요한 교육적 배치에 대한 보장을 동반한다. (4장을 보라.)

• **인적 자원의 증가.** 이는 2000년부터 2010년까지의 인원 교체를 보장하기 위해 필요하다. (3장을 보라.)

• **연구 형태 개편의 필요성.** 연구와 교육학 분야에서 집단 활동의 개발, 규정상의 그리고 특히 서비스 의무의 재규정. (5장을 보라.)

• **대학의 자율성의 재확인.** 이는 법에는 기록돼 있지만 실제로 항상 실현되는 것은 아니다. (2장을 보라.)

• **대학 시설의 자기 행정 수단의 강화.** 이에 대해선 모든 사람이 불충분함을 인정하고 있다. (2장을 보라.)

• **모집 방식의 변화.** 그에 관해 **ARESER**는 이미 공개적으로 관심을 야기시켰고 상당히 폭넓은 공감을 일으켰다. (3장을 보라.)

새로운 방법 없이, 새로 들어오는 사람들의 지지 없이 필요한 방향 전환을 획득하기란 불가능하다. 케이크의 크기가 작년과 같거나 오히려 줄어드는 추세에 있을 때, 모든 회식자는 자신의 몫을 지키기 위해 투쟁하고 일체의 변화를 거부한다. 이것은 자금이 순환하지 않는 시기에 **UFR***4)과 또는 대학 이사회의 만고불변의 관례적인 틀로서, 그것이 부분적으로는 자기 경영되는 기구 안에서 교육적 · 지적 보수주의라는 불가피한 결과를 낳고 있다.

협상돼야 할 새로운 대학 계약의 중심 부분인 대학의 계획화 법안은 은밀한 적대 관계에서 유래하는 무기력을 약화시킬 수 있는 단절 정책의 필수 도구이다.

---

4) 별표(*)가 붙는 약호들에 대한 설명은 이 책 맨 마지막의 부록에 실려 있다.

1

조종사 없는 비행기

대학 공동체의 자율성의 쇠퇴는 대학들의 협조 기관들 또는 대표 기관들(CNESER,* CNU,* CNE*)의 분산과 그들 각자의 고유 권한의 감소로 측정될 수 있다. 대학 분야의 피선출 자문 기관인 **CNESER**는 오늘날 거기에 소속된 다양한 압력 단체의 대표들 앞에 놓인 정부 계획들의 시험대에 불과하다. 따라서 그것은 고전적인 의회 논리 안에 포함된다. **CNU**는 직위가 부족한 시기에는 항상 그렇듯 자신의 고유한 힘이 줄어드는 것을 목격하고 있으며, 국지적으로 결정된 선택을 기록하는 회의소의 처지로 축소됐다. **CNE**로 말하면 그것이 실행하고 발표했지만 별다른 효과를 낳지는 못한 막대한 감정 작업에도 불구하고, 그것은 감정인 지명이라는 관료적 게임을 통해 교육성에 의해 전적으로 감독을 받는 상태로 남아 있다.

여기서의 자율성처럼 모호한 거대 개념들은 그것들을 내세우는 모든 사람들의 기대와 목적을 투사하는 장소로 사용된다. 자율성에 대한 찬성이라는 구실 속에 **사실은 관점의 다양성이 존재한다**. 그런데 그것은 보편적 슬로건 아래 그들의 특별한 이익과 대학에 대한 그들의 구상을 강조하는 경향이 있는 집단들의 목적과 일치한다. 대학 자율성의 개혁은 오늘날 국가의 전반적인 이탈을 정당화하고, 재정 자원의 분배라는 관점에서 그들끼리 경쟁 시설들을 나눠 먹기 위한 하나의 행정적 무기가 돼 버렸다.

특수하고 자율적인 대학의 이해 관계는 지식의 발전, 전달과 가장 밀접한 연관이 있는 장기적 명령이 '경영'의 요구 또는 더 나쁘게 선거의 대중 선동책의 요구와 대면하여, 또는 교육성의 부서들과 지역적 합법성이 별로 없는 의장들간의 객관적인 결탁에 맞서 자신의 의견을 주장할 수 있는 장소를 가졌을 때에만 정말로 인정받을 것이다.

당국은 오직 널리 알려진 집단(또는 동업조합) 또는 정치가들에게는 결국 마찬가지겠지만, 선거 때 이익을 가져다 줄 집단들에게만 어떤 정세 속에서 수 년에 걸친 군(군의 계획화 법안), 농업(농업지도법) 관련 계획화 법안들을 양보한다. 베루 장관의 대학 계획화 법안 거부를 통해 우리는 현재 대학 사회(하지만 한편으로 보면 소수의 전문가들을 통해 대부분의 정치 또는 준정치 기관에 맡겨진)의 정치적 무력, 그리고 대학생들의 '불안'을 가라앉히는 토론들이나 반복적인 걱정에도 불구하고 대학에 대한 정치인들의 실질적인 무관심을 헤아려 볼 수 있다.

이제 정치인들은 그들에겐 하나의 목표를 구현하는 활동들을 위해 독립된 행정 당국의 개입을 호소하고 있다. 그들은 선거 활동의 중계 역할 때문에 시청각 장치에 대해서도 생각하고, CSA의 창설에 대해서도 생각하고 있다. 그들은 또 통화주의적 사고의 승리와 함께, 그 역시 독립된 권위로 승격된 프랑스 은행의 법적 지위에 관해서도 생각하고 있다. **우리는 대학을 믿으며, 그렇기 때문에 우리는 대학이 자신의 목소리를 내기 위한 표현 수단을 가져야 한다고 생각한다.** 일부 대학인들은 여기서 '자코뱅주의(급진민주주의)'로의 회귀라는 망령이나 '파리식'이라는 공갈을 휘두를 것이다. 선출된 국가 기관들(CNU 같은 기관들. CNU는 프랑스 전역의 대학 출신의 구성원들로 이루어져 있기 때문에, 비록 그것이 편의성 때문에 파리에 본부를 두고 있긴 하지만 파리적이라기보다는 지방적이다)의 권한을 거부하는 사람들은 따라서 파리의 실질적인 유일한 권한, 교육성 중앙 당국의 권한을 강화할 뿐이다. 한편 대학 밖에서는 통치를 위한 분리를 염두에 둔 경영인들이 모든 원한과 앙심에 대한 새로운 알리바이로 자율성이라는 주문을 휘두르고 있다.

제안: 대학 의회

사실 실질적인 자율성은 제대로 정의되지 못한 경쟁의 미덕을 믿는 모든 이들이 들어박히기를 원하는 집단들이나 시설들 간의 대립 밑에서 또는 위에서, 단체로서의 대학에 적합한 목적으로 공표된 주장에 의해 우선적으로(아니면 배타적으로) 통과할 것이다. 점점 더 도구화되는 교육을 감독하는 데 항상 더 몰두해 있는 당국에게 우리는 대학의 보편적이고 매우 오래된 기능에 따라 돈이 들지 않는 자율성, 그 자체로서 대학의 목적들을 주장할 수 있게 해줄 자율성을 요구하는 바이다. 관료들과 그들의 양적이고 형식적인 기준들의 독재에 대해, 그리고 그들의 일시적인 임무를 특정 목적들을 위해 사용하는 모든 분야 전문가들의 타협에 대해 우리는 **'현명한 대학인들의 모임'** 또는 만일 우리가 더 젊어 보이고 싶고 더 보편적이고 싶다면, **대학 고유의 문제들 전체를 공개적으로 토론하는 것**을 임무로 하는 **'대학 의회'**의 창설을 요구하는 바이다.

특히 모집과 재원 면에서 대학 고유의 이해 관계와 가치관을 규정하고 부과할 수 있는 저명한 학계 인사들(프랑스인들과 외국인들)로 구성된 의회는 '독립된 행정 당국'으로 승격돼야 할 것이다.

지금 여기서 그런 기관의 구성이나 임명 절차를 자세하게 묘사하는 것은 적당치 않다. 그것은 교육, 연구, 여타의 독립된 행정 당국들의 영역에 속하는 과거의 경험들이나 외국의 경험들(독일의 경우엔 도이치 포르슝게마인샤프트(Deutsche Forschungsgemeinschaft) 등)을 고려하여 구상돼야 할 것이다. 다만 최소한의 원칙 한 가지는 확실해야 한다. 이 기관은 오늘날 CNU가 겪고 있는 것처럼 다수의 변화에 종속되어서는 안 될 것이다. (CNU가 존속해 온 20년 동안 어떤 CNU도 임기를 채우지 못했다.) 그 구성원들은 미리 결정되고 고정된 기간 동안을 위해 선출, 그리고/또는 임명될 것이다. 이 이사회는 승진과 경력에 대한 염려로부터 해방된, 그리고 연임할 수 없는 유효한 숫자의 교수들을 포함할 것이다. 그것의 기능들은 구조와 일관성의 기본적인 요구에 따라 CNU와 CNE의 임무가 융합된 결과로 생길 것이고, 다음과 같은 권한들을 인정받게 될 것이다.

• 투명성에 대한 염려 안에서 결과들에 대한 공식적인 발표를 통해 모집——만일 이것이 대학에 위임된다면——을 감독할 수 있는 권한. 또는 만일 이 방안이 특히 그것들 내부의 균형들(지적·지리학적 분류와 전공에서)의 조절을 통해 이뤄져야 한다면 '모집에 대한 국가적 심사위원단들'을 승인할 수 있는 권한.

• 고등 교육의 요구와 기한에 따라 토론된 계획의 전망에 대한 광고(교육성의 통계 부서들의 협력을 얻어).

• 상이한 학과들의 발전 전망들간의 복잡한 관계에 대한 관리.

왜냐하면 그것들은 관료들에 의해, 또는 대개 존재하는 자리들의 재고품의 연장으로 정의되는 무기력의 토대 위에서 다루어진 것을 제외하고는 그 어디서도 한번도 다루어진 적이 없기 때문이다.

• 프랑스 또는 외국에서 필요한 모든 협조를 받는 전문가들과 학계 인사들의 후원하에 시설들 내 연구에 대한 평가.

이 항목들의 다양성과 복잡함으로 인해 우리는 그런 기구는 단번에 균형을 찾지는 못할 거라는 것을 쉽게 납득할 수 있다. 그러므로 개입 방법이 안정되고 인정될 때까지 그 기구의 존재가 보장돼야 할 것이다.

2

___

하위 행정이 담당하는 기관

　대학과 그랑제콜 간의 너무나 명백한 차이 때문에 우리는 때로 그랑제콜이 어떤 효과적인 형태의 독점권을 갖고 있다고 믿게 된다. 오늘날 항상 더 공공연하게 확인되는 엘리트주의에 따라 우리는 점점 더 자주 대학들에 대한 '통치'의 약화를 문제삼게 된다. 결코 존재한 적이 없는 어떤 과거로의 회귀를 열망하는, 지나가 버린 대학의 질서에 대한 향수에 젖은 사람들, 그리고 교육성의 책임자들은 언급하지 않더라도 그들이 명령하는 것으로 간주되는 무리에게 그들의 정책을 적용시키기 위한 전도(傳導) 벨트를 찾아 계급적 권위를 추구하는 총장단들로 구성된 경영인들이 이런 통탄 안에서 만난다. 그렇다면 1984년 1월 26일의 법안에서 예상되고 계획된 그대로의 '대학 기구'를 재론해야 할까? 특히 행정 이사회(CA), 학문 이사회(CS), 학업과 대학 생활에 관한 이사회(CEVU) 등 세 이사회의 권한들간의 지나친 분할을 재검토해서 회원들에 대해 도덕적인 권한밖에 없는 의장의 권한을 강화해야 할까? 심지어 처음에는 상황 결합의 산물이었지만 시간의 흐름에 따라 당연한 것들의 명백함을 획득한 대학들간, 그리고 학과들간의 분리를 재검토해야 할까?

공적 권한 박탈의 원인

이제 많은 이들이 다음 선거가 있을 때까지 공동 사항(모집과는 별개)에 대한 다수의 무관심과 '의장'에 대한 숭배를 따르면서 자신의 이익을 옹호하는 소수의 흥분이 공존하는 기능적 타협에 만족하는 듯하다. 하지만 현재의 균형은 3개의 커다란 단점을 누가하고 있다. 취소 행위를 격려하는 회원들의 무기력, 자신이 음모와 우회된 몰수의 희생자라고 생각하는 동료들의 단독 항의, 그리고 전문가 집단에 의해 인가를 받지 못한 부지와 예산. 오직 대학생들의 분노만이 주기적으로, 난폭하게, 그러나 제한된 시간 동안 회의실의 점잖은 토론을 극도로 흥분한 구두 발표들의 난장판으로 바꿔 놓는다. 그것은 모의 선거의 거짓을 폭로하고, **해피 퓨(행복한 소수)**의 희미한 박수 소리에 의해 고무되어 의장실 복도의 평온을 깬다.

상이한 기관들의 선거에서 불참률은 미국의 수준에 육박하고 있다. 대학 사회들간의 거리에 관한 좋은 표지를 얻으려면 의장 선거일에 복도에서 우연히 만난 대학생들에게 5년 동안 배를 조종한 사람의 이름을 물어보는 것으로 충분하다. 교육성과 **UFR** 차원에서 우리는 일간 신문에서, 보편화된 이기주의의 토대 위에서 대학조직의 내용 없는 공식 구조와 자발적인 그러나 제한된 형식의 병렬을 관찰할 수 있다. 사실 법에 의해 제정된 대표 조직은 관계자들의 현실적인 염려와 연결되지 못한 채 대개는 제자리걸음을 한다. 그래서 선출된 **IATOS*** 와 학생들은 가능한 한 빨리 **UFR** 회의에서 빠져나간다. 산발적으로 장관실이라는 익명이 제기한 몇몇 개혁 계획이 장차 윤곽을 드러내고 대학생들에게 실망스런 미래에 관한 불안을 일깨울 때, 오랫동안 억눌린 대학생들의 발언은 점거된 장소에서는 강의 파업으로, 잘 조정되지 못한 조정 상태에서는 위장된 불법 감금으로 나타난다. 움직임을 좇아 뛰어다니는 공식적인 기관지들의 뒤를 대학의 과격파 사상의 일시적인 정열이 계승한다. 그리고 그것의 순간적인 즐거움은 곧 아무 성과 없이 낭비된 시간의 허망함을 깨달은 구역질과 대체된다. 다시 대학 관례(개학, 선거, 시험)의 단조로움이라는 오류에 의한 질서가 그 흐름을 되찾는다.

회계와 관련된 단순한 문제들에서부터 연구 예산 관리를 거쳐 국제 관계까지, 한 대학의 경영에 의해 제기된 문제들은 각기 다른 인원의 대학인들을 동원한다. 우리가 말할 수 있는 최소한의 것은, 교육성과 UFR의 방침이 교수들이 고집스럽게 열망하는 목표는 아니라는 것이다. 소명 없이 종사하고 허둥지둥 확보하는 이런 직무들의 수행은 사회의 가치관과 일치하지 않으며, 사실 적어도 얼핏 보기에는 학문적 생산에 모든 것을 빚지고 있고 단체에게 제공되는 서비스에는 빚진 것이 없는 어떤 직업에게는 시간 낭비처럼 인식된다. 별로 명예롭지도 못하고 별로 인정받지도 못하는 이런 직무들은 오랜 경험으로 모든 돌발 사건에 대해 무감각해진 몇몇 노련한 교수들, 그리고 신참자의 순진함과 열의에 힘입어 갑옷과 투구를 착용하기가 무섭게 전초에서 폭격을 맞는 젊은 조·부교수들에게 맡겨지는 듯하다.

이같은 애착의 상실은 부분적으로는 이런 직무들과 관련된 자율성의 완전한 부재에 의해 설명된다. 장관의 회장(回章)은 의장과 이사회보다 높은 곳에서 UFR의 목숨을 좌지우지한다. 왜냐하면 교육과 실험실에 할당된 재원은 이제 장관에게 직접 속해 있지 대학에 속해 있지 않기 때문이다. 학문 이사회는 이제 대학 연구 예산의 약 15%에 달하는 **BQR**(고급연구수당)을 재분배하는 기구 외 아무것도 아니며, 나머지 85%는 연구 단위들에게 직접 배당된다. 따라서 교육성과 UFR 장의 직무는 우선 그리고 무엇보다 먼저 그르넬 가(街) 또는 데카르트 가에서 보낸 무거운 서식들을 거의 매일 작성해야 하는 관리의 차원으로, 그리고 지출을 한 단계 억제하는 장관의 막대기, 그가 구워삶아야 하는 그의 동료들간의 전도 벨트 차원으로 축소됐다. 가장 재능 있는 교수들의 사기 저하는 이런 식으로 교육 책임자들에게 교육학위 취득을 장기적으로 다시 요구할 것을 명령하는 교육성의 테크노크라트[전문 지식을 갖춘 고위 관리들]에 의해 세심하게 유지되고 있다. 그래서 그들은 교육 자격증을 매주 교부하고 있다. 이런 영구적인 교육 자격 재취득 의무는 시류에 따른 DEUG, 학사, 석사, **DEA** 견본의 이런 교부가 막대한 행정 작업을 요구하면서도 금전적으로는 아무 성과도 낳지 않는 만큼 그 자체로서 수치스러운(너무나 적절한 표현이다……) 일이다.

그런데 10년 이상의 실행 이후, 현재 대학 차원에서 대학 평의회를 대체한 3개의 이사회의 기능은 명백한 실패로 나타나고 있다. 관련 활동 분야와의 필연적인 관계없이, 자기들끼리의 조정 없이 전적으로 조합의 기준에서 출발하여 대학 전체에 의해 선출된 이사회들은 거대한 환멸의 기구들이다. 대개 결정들에 관한 진짜 효과는 없는 한담의 장소들인 이 이사회들은 이런 딱한 의회 제도의 남용에 대한 전반적인 무관심 또는 혐오의 정서를 확장하는 데 기여하고 있다. 대학생들과 **IATOS** 피선자들이 점차 탈퇴하고 있는 이 이사회들은 흔히 자신의 정치적 관계들에 사로잡힌 **노멘클라투라**를 구성하는 몇몇 교수들의 전유물이 됐다. 거기서 학과 또는 특히 조합 단체들 간의 고도로 양식화한 경쟁들은 부의장 또는 의장에 의해 결정된다. 그런데 그들의 진정한 대화 상대들(장관, 지방의 공공 단체들, 기업들)은 다른 곳에 있다.

의장 선거는 두번째 단계의 투표 결과에서 기인하며, 이사회 내 대표자 계층들간의 타협에서 나온다. 의장 선거는 선거에 매우 일정치 않게 참석하는 대학의 다양한 구성원들의 발전이라는 목적은 별로 고려하지 않는다. 게다가 이사회들간의 권한 분배는 하부적인 문제들을 둘러싸고 끝없는 토론을 되풀이시키는 반면, 전략적인 결정들은 대개 소수의 정원으로 구성된 집단에게 넘겨진다. 마지막으로, 그리고 특히 이것은 이 정치 체제의 관례적 제한이 없는 의회 제도이다. 그러므로 임기 도중 의장의 책임을 위태롭게 만들거나, 최초의 계획들과 그것들의 실현의 일치를 확인하게 만드는 어떤 확실한 장치도 존재하지 않는다.

비판적 시민의 대학 공간을 창출하기

우리는 이런 사태와 이런 정신 상태를 법과 규정에 관한 큰 개혁 없이 수정하는 것이 전적으로 허무맹랑한 일이라고는 생각지 않는다. 이는 다음과 같은 네 가지 간단한 원칙들로부터 시작되는데, 그것들을 지키는 것은 합리적인 모든 의장단 또는 **현상**(statu quo)에 대해 불만을 가진 모든 집단의 의무일 것이다. 선거 운동을 이용하여 약간의 투명성을 도입하는 것. 대학들의 평가에 기대어 계획, 특히 연구 분야 계획의 일관성을 추진하는 것. 집단적·비판적 토론에 의해 공표된 방침을 조사하게 하는 것. 보편적 견해를 공유하는 의장단의 출현을 조장하는 것.

대학 선거 때 정원, (교수) 배치율, 예산 산정, 교실 분배 등 대학에 관한 주된 결정 도구들에 접근하게 할 수 없을까? 의장단이 정확하고 엄밀한 의미의 대학 **계획**들부터 투표를 청하도록 요구할 수 없을까? 명단의 성격은 외부 평가 때 확인됐거나 이런저런 시설을 주기적으로 동요시키는 이런 위기들 중 하나에 의해 드러난 대학의 역량과 취약점을 고려한 방침 위에서 공개적으로 결정돼야 할 것이다.

선거 기간에 의해 리듬이 생기는 대학 내 생활의 일정표가 여전히 낯설고, 말하자면 장관과 대학들이 발전 방향을 협상하는 계약 절차와 무관한 것이 놀랍지 않은가? 의장단이 그들에게 지급된 도구들에 대해 전적으로 책임지는 것을 허락하는 **이런 일정표의 조화**, 그들의 일치로부터 우리가 얻을 것이 아무것도 없을까? 우리는 또 현재의 4년 계약 협상의 토대가 되는 시각에 대한 검토도 생각해 볼 수 있을 것이다. 이것들이 산업 분야의 기여 또는 심지어 때로는 개인적 계획들의 단순한 축적의 기회가 되는 대신 온건한 방법에 관한 집단 성찰의 기회, 잡다한 계획들이 시너지 효과를 내는 기회가 될 수는 없을까? 선거 운동을 활용해서 동료들이 그들의 개인적인 경험들, 특히 국제적인 경험들을 공동의 것으로 활용하도록, 진짜 우선돼야 할 것을 결정하도록, 그리고 깊이 생각되고 계획된 협조라기보다는 대학 관광에 더 가까운 협조 형태들에 반대하여 이런 식으로 투쟁하도록 유도해야 하지 않을까?

선거 기간은 또한 계획들을 개진하고 공표하는 기회가 돼야 한다. 왜 의장단 임기중에 계획 실현을 총결산하고, 가장 유망한 방침을 강화하며, 위태로운 계획들을 새로운 방향으로 이끌어 내는 대학 내부의 토론을 상상하지 못하는가? 얻어진 결과들에 대한 요약, 현 단계에 관한 보고의 형식을 취할 수 있는 이런 공동 자기 평가의 노력은 교육성 전문가들의, 흔히 은밀하고 불투명한 영향력에 모든 것을 맡기지 않으면서 토론 방법들을 제공할 수 있을 것이다. 이것은 프랑스를 제외하고 세계 어느 나라에서나 당연한 개념인 **단체**로서의 존재를 자각하는 법을 가르쳐 주는 방법들 가운데 하나로 보인다.

대학들의 하위 행정

책임 앞에서 도망치는 행동들이 결정 절차의 불투명성 혹은 기관들의 형식주의에서 기인하는 것만은 아니다. 그런 행동들은 대학 기관들 고유의 하위 행정 때문이기도 하다. 포루 보고서를 끝으로 최근의 수많은 보고서들이 숫자와 국제 비교에 기대어 이것을 강조했다. 그런데 행정 수단 없는 이론적 자율성은 하나의 가장에 불과하며, 다양한 업무의 관리는 관계자 계층들간의 충돌이나 부당한 양도, 도주 행위나 자기 착취를 낳는다.

대학들이 베푸는 교육의 수준과 유형은 점점 더 다양해지고 있고, 그것은 바람직한 현상이지만 또한 이 학위들·과정들 혹은 다음과 같은 부분 집합들의 관리의 복잡성과 그에 대한 행정적 책임을 증가시키는 결과만을 가져올 수 있다. 즉 관계자들간의 내부적 모임들, 이런 개혁을 알리거나 그것을 적용하는 방법들을 교섭하기 위한 외부적 모임들, 고전적인 학위들 안에서보다 더 일관된 (교수) 배치 등. 프랑스에서 흔히 그렇듯 이런 개혁들의 순조로운 진행에 필요한 독립은 아주 먼 거리를 두고서만 따라올 뿐이다. 그리고 많은 것들은 그것들을 시작한 과중한 일을 떠맡은 사람들의 실망에 의해 제자리걸음을 하고 있다.

대학들의, 잘 해결되지 못한 또 하나의 행정적인 문제는 대학들이 관습적인 임무들이 지배하는 모든 전통적인 관료적 방식과 결부된 고전적인 관리의 요구들과, 활기 있는 대학 기관에 없어서는 안 될 발전적·혁신적 기능에서 발생하는, 앞을 내다보는 행정을 결합시킨다는 것이다. 이 두 가지 기능을 양립시키기 위해 발견된 허술한 해결책은 대개 정원에 대한 직위 증가의 지체에 의해 과중한 업무를 떠맡은 교육성의 보통 간부들 출신의 행정 직원과, 그보다 높은 계급의 그러나 수적으로는 매우 축소된, 그리고 대학 통치에서 선출된 대학인들의 권위에 복종하는 행정 직원을 결합하는 것이다. 대학 출신의 관리직들 자신도 두 가지 유형으로 이루어져 있다. 하나는 필요에 의해 이런 직무를 맡고 있지만, 몇몇 작은 부서들에서 학회 또는 **UFR**의 방침을 위해 현실적인 교대나 지원 복무가 이루어지기에는 직함의 소지자 수가 너무 적다. 다른 유형은 대학의 다른 업무의 대부분을 포기한 후, 어떤 권력 형태에 관한 특별한 관심에 의해 헌신하는 경우이다.

이렇게 **행정 업무에 대해 이질적인 관계자 계층을 결합하고 상반되는 기대를 결합하는 것**은 서비스의 순조로운 진행을 함축한다. 특히 어떤 새로운 팀이 현장에서 일을 배우고, 그 일의 내용을 재빨리 파악해야 할 때 그렇다. 이것은 대학들의 협상 대상인 교육성의 지속적인 행정, 지방 공공 단체들의 행정, 또는 기업들과 직면했을 때 취약한 요소이기도 하다. 이것은 결국 대학 하급 직원들과의 긴장을 형성하는 요인이다. 이들은 모든 권위의 소지자를 잠재적인 관료와 동일시하는 경향이 있는 데 반해, 경영을 맡은 대학인들은 그들이 다른 것의 부족으로 인한 기능 장애의 희생양이라는 느낌을 갖고 있다.

이중 주문?

일반적으로 대학의 행정 방침은 모든 차원에서 전문 행정가 1명과 선출된 대학인 1명으로 구성된 한 쌍에게 위임될 수 있을 것이다. 이때 전자는 분명히 후자에게 종속된다. 이런 식으로 ENA 출신의 시민 행정가에게 보조를 맞추는, 하지만 규정의 목록 또는 교육성의 기준을 통해 보는 것과 달리 대학 사회의 특수함도 아는 **고차원적 대학 행정 집단**을 창조할 필요가 있을 것이다. 그런 집단은 선출된 팀들에게 활동적인 기억 장치의 구실을 하고, 그들에게 중앙 행정의 명령에 효과적으로 대응하기 위해 필요한 법적 무기들을 제공할 수 있을 것이다——법적 부문을 담당하는 대학을 제외하고 대부분의 행정인들은 프랑스 행정의 이런 지배적인 문화를 누리지 못하며, 그것이 취약함의 한 요인이 된다. 그런 집단은 결국 직업적 봉쇄에 의해 의욕을 빼앗긴 대학의 몇몇 관리들 내부의 승진이라는 목표를 제공할 수 있을 것이다. 그렇지만 그런 집단을 창출한다는 결정은 대학에 관한 수많은 일반 또는 특별 보고서들 안에서 지적된 행정 기능 장애에 관한 심도 있는 분석을 근거로 해야 할 것이다. 그런 결정은 또한 처방이 병보다 더 나쁘지 않았는지를 판단하기 위해, 또한 이런 보편적인 문제에서 발견된 기이한 해결책들을 분석하기 위해 앞에서 인용된 기관들의 과거 경험들을 고려해야 할 것이다.

동시에 대학인들 전체에게 소집단에 의한 이런 직무의 독점을 끊기 위해 행정 직무를 번갈아 맡는 사명을 돌려 주는 것이 중요할 것이다. 행정 요직을 위한 첫번째 특권은, 만일 그것이 문제에 관한 **사실상의** 인정의 구성 요소가 된다면 그에 관한 해결책을 전혀 제공하지 않는다. 우리는 대개 그것이 벌어 주는 돈 때문에 이 직업을 선택하지 않은 것이 확실한 관리들에게 금전적 보상으로 동기를 부여하는 과정의 모순을 충분히 강조하지 않았다. 미국의 모델을 본뜬 이런 배치의 직접적인 수입은 그것이 적용된 집단의 주된 정신 상태를 무시하는 행위이며, 이 게임을 즐길 준비가 된 사람들과 그들의 동료들간의 단절을 만든다. 그리고 그들은 행정이 새로운 형태의 사적 이익에 들어맞을 거라는 의심을 그만큼 더 하게 될 것이다.

우리가 ARESER로서 공익 사업의 대학이라는 이상을 옹호한다면, 행정직을 위한 특별수당을 없애고 **행정적 의무들을 대학의 공동 업무에 차례대로 기재함으로써 총액을 모든 이의 급료 안에서 분배토록 하여** 보상하는 것이 당연하다. 다소 강요된 호의에 따라 이 직무들이 할당되도록 내버려두기보다는 오히려 이 직무들에 의한 통과가 하나의 직업적 경로의 요소가 되어, 이를테면 독일에서 그런 것처럼 이런저런 법적 혜택(직급, 계급의 향상, 연구비, 더 많은 안식년 휴가 등)의 취득을 가속시킬 수 있을 것이다. 우리는 그렇게 해서 대다수의 회피와 소수 전문 관리인의 의욕 없는 전문화라는 악순환에서 벗어날 수 있을 것이다.

하지만 만일 대학들의 중앙 권력이 소집단들에 의해 독점된 채로 있다면, 지역 행정의 소명을 불러일으키는 것은 아무 의미가 없을 것이다. 이런 차원의 도망 행위 안에는 물론 절차의 복잡함에도 그 책임이 있지만, 프랑스 대학들은 보편적인 모순에서도 벗어나지 못하고 있다. 선출될 가능성이 있는 교수들은 자신의 연구를 위해 남겨둔 나머지 자유 시간을 단번에 상실한다. 이런 희생을 승낙하는 것은, 비록 4년 동안이라 해도 그동안 하지 못한 독서나 경험, 또는 지켜보지 못한 토론의 총합이 현 상태의 학문적 경쟁에서는 진정한 연구로 돌아오는 데 하나의 장애가 되며 그후에는 말소하는 것이 거의 불가능한, 어떤 경로 안에서의 큰 단절을 결심하는 것이다. 그렇다고 사실 대학 생활에서 그들이 기대하던 학문적 만족을 찾지 못한 사람들, 또는 현대판으로 고위직(진정한 피통치자는 없이)이나 기업의 우두머리(**스톡 옵션** 없이)라는 때늦은 소명이 고무하는 사람들에게 이런 책임감이 보류되는 것을 가만히 보고만 있어야 할까?

그래도 가르치거나 연구하는 것을 좋아하는 교육자들이 실망하지 않고 지휘하며, 권한 행사 안에서 연구자의 소명을 보전하고, 이런 책들을 매력적으로 만들려면 최소한의 지적 생활 유지(학생들을 대동하는, 진행중인 작업의 속행)와의 양립성을 보장해야 한다. 따라서 행사되는 의무가 연구 계획들을 방해하지 않는 것이 중요하다. 여기서도 역시 우리는 다른 나라들에서 실행되는 장치들을 생각해 볼 수 있다. 어떤 이사회에 선출된 교수 겸 연구자가 속한 팀에게는 학문적 혜택이 주어져야 한다. 이를테면 2개의 지위, 즉 피선자의 대체를 보장해 주는 지위와 팀의 잠재력을 증가시키는 지위를 부여하는 것은 그가 가진 것들 중 하나를 공동체에 희생하는 것으로 보이지 않는다. 그는 실무로 돌아올 때까지 자신의 작업이 손실 없이 계속된 것을 보게 될 것이다. 그리고 직무가 끝날 때에는 상여금 형태가 아니라 제자리로 돌아오거나 연구를 다시 시작하기 위한 거리를 되찾기 위한 안식년 휴가 예산으로 주어지는, 자신의 헌신에 대한 혜택을 받게 될 것이다. 이런 혜택과 함께 피선자의 소명은 그런 식으로 다른 유형의 대학인들, 권력을 위한 권력을 좋아하는 사람들, 또는 개혁을 포기한 사람들에게까지 개방될 것이다. 더욱 다양화된 출신의, 그리고 경험을 연장하는 것을 절대 바라지 않는 피선자들로 가득 찬 이사회는 선거인 자신의 다양성에 더 근접하게 될 것이다. 그래도 이 상이한 이사회들의 역할과 그들 사이에서 형성되어야 하는 관계는 검토할 필요가 있을 것이다.

대학 이사회의 역할

계층들간의 정치적 타협의 산물인 현행 다원합의제는 우리가 보았다시피 무관심과 결정 과정의 불투명성에 많은 기여를 했다. 이미 지정된 방침에 따라 대학 선거에 새로운 양식을 제공한 다음에는, 대학 생활과 이사회들을 다시 결합하는 것이 적합하다. 우선 유일하게 의결이 가능한 힘을 갖게 될 CA의 경우와 그들의 기술적 능력 범위에 적합한 감정의 역할로 전문화되고, 그들의 분야에 속하는 상이한 활동 영역들에 일치하는 지위의 명단으로 구성된 나머지 두 이사회의 경우를 별도로 놓아야 한다. CEVU는 부분적으로는 UFR에서 보낸 대표를, 그리고 부분적으로는 대학생들에게 할당된 각각의 업무들의 대표를 포함하게 될 것이다. 그리하여 각각의 학업 영역과 다양한 각각의 대학 생활 영역에 의해 직접 관련된 피선자들이 취학, 시험, 오리엔테이션, 지속적 양성, 통신 교육, 대학 생활의 관측, 문화 활동, 스포츠, 도서관 등의 서비스들과 관련된 다양한 기구들 안에서 나란히 의석을 차지하게 될 것이다. 이 피선자들(경우에 따라 대학생들, IATOS 또는 교수들이 될 수 있는)은 따라서 UFR과 업무들과 무관하게, 조합들간의 세력 관계뿐 아니라 대학 생활의 상이한 영역들을 분명하게 대표하게 될 것이다.

같은 원칙 위에서 구성된 학문 이사회는 따라서 부분적으로는 각각의 연구 팀과 각각의 박사 양성 과정의 대표 한 사람과, 부분적으로는 연구 즉 박사학위 업무, CIES,* 박사학교, 출판 업무, 전산 도구, 연구 장소 등과 직접적으로 관련 있는 업무들의 대표를 포함할 것이다. 이런 토대 위에서 구성된 후보자 명단은 CEVU와 마찬가지로 조합의 토대 위에서 구상될 수 있을 것이다.

이 두 이사회 구성의 변화는 세 가지 이점을 제시할 것이다. 기술적 능력과 조합 참여의 결합과 함께 필요한 개혁들에 대한 준비가 더 잘 이뤄질 것이다. 우리는 모든 관계자들을 결합시킴으로써 UFR이 이사회 안에서 실질적 대표자라는 느낌을 갖지 못할 때 오늘날 빈번하게 발생하는 것과 같은 UFR의 권한과 이사회의 권한이 충돌하는 상황들을 피할 수 있을 것이다. 이것은 특히 지역적으로 분산돼 있는 큰 대학들 안에서는 대개 서로 모르는 집단들과 부서들을 연결함으로써 토론의 교차점을 재창조할 수 있을 것이다. 한편 이런저런 이사회가 피선자들 내부에서 공적 결석으로 어떤 문제의 목적에 관한 정보 수집에 손해를 끼치는, 어떤 분야의 이런저런 대표를 의사 일정에 따라 비공식적으로 소환하는 것도 흔히 벌어지는 일이다. 앞에서 한 제안은 이런 불확실한 경험들을 공인한 것에 불과할 것이다.

CA와 다른 이사회들간의 관계는 현재 존재하지 않거나, 공권력이 전제적으로 행사되는 부분이다. CS와 CEVU의 구성의 변화와 상관 있는 간단한 규칙을 세울 필요가 있는데, 그 규칙의 내용은 CA는 그들의 관할 분야에 속하는 문제들을 알리는 역할을 다른 이사회들에게 위임하고, 권한 있는 이사회에 의해 제시된 관계의 토대 위에서만 그 문제들을 다루는 것이다. 그렇게 하면 서로 모르는 이사회들의 이런 혼란스런 기능이 끝나고, 의장과 CA가 간절히 원할 때에만 고려되는 일을 하게 됨으로써 CEVU와 CS가 갖는 무익하다는 느낌은 사라질 것이다. CA의 회의와 CEVU와 CS의 회의들간의 일정표 안의 교체는 이 관계들의 정착을 용이하게 할 것이다. 마찬가지로 CA의 회의에서 CEVU와 CS의 부의장들의 권리의 존재는 우월함에 젖은 일부 의장들의 '통치를 위해 갈라 놓는다' 는 고전적 신조를 피할 수 있을 것이다.

제안들

이미 위에서 시사된 주요 제안들을 다시 한 번 언급하는 것으로 충분할 것이다.

- 교수들, 학생들, 행정 직원들 앞에서 책임질 줄 아는 능력 있는 의장단의 출현을 장려한다.
- 전문 행정가 1명과 피선된 대학인 1명으로 구성된 지휘팀을

계획한다.

- 상이한 이사회들을 더 차별화하고 더 잘 연결한다.

3

분열되고 사기 저하된 교수단

대학에 관한 전반적인 문제들을 중심으로 대학인들을 의식화하려는 의지는 어떤 내부적인 장애와 충돌한다. 점점 더 불균등해지는 신분들로 서열화한 계층들 안에서 커지는 분열이 그것이다. 대량 확장 기간 동안 추진된 모집 정책은 교원들의 정체성의 위기를 증가시키고, 공동 작업을 그만큼 더 어렵게 만드는 결과를 낳았다.

60년대 이후 예산 상황이나 인구 증가의 약화로 인해 정부의 노력이 느슨해지면, 예상되지 못한 요구들과 제한된 흐름의 복귀에 대처하기 위해 대량 모집 양상이 번갈아 나타났다. 1988년부터 확대 정책이 다시 실시됐다. 1988년부터 1993년까지 고용은 증가했고, 그때부터 조·부교수의 지위의 경우 훨씬 더 낮은 수준으로 떨어졌다. (조·부교수 자리가 1994년엔 1천 개, 1995년엔 7백59개밖에 새로 만들어지지 않은 반면 1993년엔 2천2백22개가 새로 만들어졌다.) 그와 동시에 교육성은 60년대에 모집된 교육 단체의 경질을 예측하고, 박사들의 정원 확대를 촉구하는 정책을 실시하여 예상 밖의 성공을 거두었다. 왜냐하면 1989년 5천9백63편이던 박사학위 논문이 1994년에는 1만 4백27편이나 되었기 때문이다.[5] 불안정한 지위(조교, ATER,* 임시 계약자 등)에 있는 교원들이나 과중한 시간표에 시달리는 직위들(PRAG,* PRCE*)에게 지나치게 의지한 결과, 격차는 실제로 경쟁시험에 개방된 자리의 수에 비해 그만큼 더 벌어지고, 그것은 교수 겸 연구자 신분의 자리에 대한 개방을 그만큼 감소시킨다.

그렇지만 설사 대학생 숫자의 곡선이 안정되더라도 실질적으로 모집의 필요성은 앞으로 다가올 10년 동안 더 높아질 것이다. CNE*는 1995년부터 2007년 사이에 교수 겸 연구자의 40.3%가 직장을 떠날 것이라고 예상하고 있다. 문과에서는 정교수의 반이 이에 해당된다. 이과에서는 15년 동안 교수의 70%가 은퇴할 것이다. 법과에서는 2007년부터 2017년 사이에 정원의 52%를, 보건 관계 학과들에서는 1997년부터 2011년 사이에 57%를 바꿔야 할 것이다.[6] 그런데 지금까지 정부는 90년대초를 제외하고는 이것을 한 번도 분명하게 예상한 적이 없고, 그래서 이것은 예산상의 필요에 의해 단기적인 정책이 되었다.

정부의 책임

프랑스의 국민교육성은 고등 교육에 투입된 사람들의 계층을 증

---

5) 이 수치의 출처는 DRED의 《박사 학업에 관한 보고서》(1995)와 Ch. 술리에의 〈사회학 연구의 보고서〉 115호(1996년 12월호, 59쪽)의 〈고등 교육 내의 불안정. 인문과학의 수당 수령자들과 조교들〉이다. 이과에서는 1995년 학위 소지자의 수는 4천8백 명에 달한 데 비해, 고등 교육 연구 기관에 흡수된 박사의 수는 1천4백 명에 불과했다. 그들 중 7백80명이 어떤 다른 일자리도 찾지 못했다.(〈과학원의 편지〉, 1997년 5-6월호)

6) CNE, 《대학의 소유권: 공화국 대통령에게 드리는 보고 1985-89》, 파리, 라 도퀴망타시옹 프랑세즈 발행, 1989년, 179-189쪽.

가시킴으로써 요구에 대응하는 편을 택했다. 그것은 비정교수들의 시간당 임금을 낮추고 사업주의 사회보장 부담금을 낮춤으로써 비용을 덜어 주지만, 노동 시간은 서열상 가장 높은 계층의 기준보다 더 증가할 수 있다. 그것은 또 요구의 지역적·학과적 조건에 따라 교원 정원을 변화시킬 수 있는 가능성을 제공함으로써 관리의 유연성을 보장할 수 있게 해준다. (중등 교육이 매우 높은 성장률을 보인 60년대에 똑같은 방법이 중등 교육 안에서 활용된 적이 있다.) 하지만 그런 정책은 고등 교육 안에서의 교원 양성의 특수성, 그들 업무의 다양성의 증대, 그것이 낳은 여러 가지 사회적·지적 또는 교육학적으로 비뚤어진 효과를 동시에 망각하고 있다.

첫번째는 이론적으로는 같은 일을 하지만 극도로 불평등한 보수를 받는 교원들간의 격차를 증가시킨다. 문과에서 이제 막 강단에 선 조·부교수 한 사람이 1997년초 한 달에 1만 1천4백35프랑을, 또는 1년에 1백92시간이라는 기준 위에서 1시간에 7백14.60프랑을 받은 반면, 시간강사는 시간당 1백92.44프랑밖에 받지 못했다.[7] 그런데 그들간의 차이는 요구받은 일에 존재하지 않는다. 왜냐하면 그 두 경우는 주로 지도 활동을 보장하는 것이기 때문이다. 논문을 끝내고 경쟁 기간에 모집된 전자가 현재 논문을 쓰고 있는, 나아가 논문은 끝냈지만 CNU*나 그가 출석한 대학 전문가위원회로부터 인정받지 못한 후자와 나이가 같을 수 있다. 따라서 3배가 넘는 이런 금전적 격차는 갈등과 원한을 키우고, 대학생들

---

7) 출처: R. 르자우·G. 루아랑, 〈임시직 교육자들: 타락한 신분의 역설〉, 아직 출간되지 않은 텍스트인데 저자들이 친절하게 열람시켜 주었다. 이 책에 나온 다른 분석들과 자료들의 대부분은 그 책을 근거로 한 것이다. 하지만 여기 적힌 결론과 제안들은 ARESER에게만 책임이 있다.

의 성공률을 높이는 데 없어서는 안 될 집단 교육 작업의 가능성을 떨어뜨릴 뿐이다.

흔히 급하게 충원되고, 경험도 사전 교육도 없는 이 새 교원들은, 한편으로는 우리가 필수적인 정보와 지식도 사전에 갖춰 주지 않은 채 가장 힘든 학년들을 맡기는 중등 교육의 보조 교사와 같은 처지에 놓여 있다. 임시 계약자들은 '공백을 메우기' 위해 몇 시간만 가르치기 때문에(근무 시간의 최고 한도는 연 94시간이다) 대학에 주로 있지 않고, 대개 정교수들의 모임에 초대되지 않으며, 가장 낮은 가치가 부여된 교육에 격리된 채 중등 교육 교원들의 경우를 제외하곤 프랑스식 대학의 모든 부정적인 측면들을 겪고 있다. 고립, 배치의 결여, 불안정, 흔히 불투명한 절차에 따라 그들을 모집한 가장 자격 있는 정교수들의 호의에 종속됨, 현장 교육이 아닌 직업 교육의 결핍이 그것이다.

행정 직원들에게도 영향을 미치는, 이런 임시직에 의지하는 현상은 학과들·대학들·학사 과정들 간의 격차를 증가시키는 데에도 기여한다. 왜냐하면 다양한 교원 계층간의 분배는 대학의 낙후, 각 학과의 지위, 학생 정원 전체에서 제1기 과정(대학 1~2학년)이 차지하는 상대적인 몫과 밀접한 상관이 있기 때문이다. 대학이 최근에 세워졌을수록(그리고 그에 따라 교수 배치율도 낮을수록) 학과는 학문적으로 낮은 서열에 있게 되고, 학생들의 사회적·학교적 출신은 혼성적이 되며, 불안정하고 흔히 경험도 없는 이런 교원들의 몫은 더 많아질 것이다. 그리고 그것은 신입생들의 적응과 고등 교육에 통합될 수 있는 그들의 능력을 더 어렵게 만들 뿐이다.

마치 무엇보다도 먼저 예산 절약에 의해 결정된 인사 정책의 해로운 결과들이 충분하지 않았다는 듯이, 정부는 이와 동시에 중등 교육에 집착하지 않는 교수들을 대거 모집했다. 그들이 고통스러운 것은 불안정 때문이 아니라——왜냐하면 그들은 정교수들이기 때문이다——교수 겸 연구자들보다 2배나 많은 과중한 시간표 때문이다.[8] 그들은 1995년 대학에 재직중인 4만 8천 명의 교원 가운데 4천 명에 달했고, 문과에서는 정원의 16%나 됐다.[9] 정부는 그런 인사에 의지하면서, 고등 교육이 반드시 연구 활동을 내포하지는 않으며 1, 2학년들은 중등 교육을 복사한 교육학적 실천에 의존할 것을 권고하고 있다. 여기서 다시 한 번 경영의 유연성(우리는 필요할 때 기존의 양어장에서 꺼내 올 수 있는 반면, 현행 절차에 따르면 박사에서 교수 겸 연구자로 넘어가는 데 거의 1년이 걸린다)과 적은 비용(같은, 나아가 더 적은 가격에 시간은 2배 많다)은 대학 집단의 추가적 분열을 낳는다. 종속 관계와 불안정은 이전 경우보다 덜하지만, '2개의 의자 사이에' 앉아 있는 이 교원들의 불편은 줄어들지 않았다. 교수 겸 연구자들은 연구하지 않는 이런 '가짜 대학인들'을 경멸하는 이야기들을 자주 한다. 반대로 중등 교육에 초연한 교수들은 그들의 생년월일, 임명 장소, 또는 가족 부양(이것은 흔히 여성들과 관계된 문제이다) 같은 우연들이 그들을 그들의 출신 계층으로부터 벗어나게 해줄, 박사학위 논문 쓰는 일을 방해한다는 사실을 가지고 불평한다. 몇몇 이들은 ATER,* 조교나 조 · 부교수들보다 자유 시간이 훨씬 적은 데도 기어코 연구를 계속하려고 노력하는데, 그것 역시 대학 작업의 전반적인 분위기에

---

8) 이것은 PRAG 1명은 MC 2명이라는 공식에 따른 것이다. PRAG 또는 PRCE 1명의 의무 강의 시간이 1년에 3백84시간인데 비해, 조 · 부교수 1명의 의무 강의 시간은 1백92시간이다.

9) DEP의 주 97. 16, 1997년 4월.

해를 끼치는 원한과 질투를 조장하는 결과를 낳고 있다.

계층간의 알력

몇 년 전부터 대학인의 신분에 집착하는 일부의 속성에 실망하고, 경력 면에서 차단되거나 감춰진 지식인 실업과 불안정의 넋을 빠져나가는 것을 단념한 이 집단들의 이익을 주장하기 위해 많은 협회들이 등장했다. 이 협회들은 단기적인 인사 정책이 낳은 중대한 문제들을 분명히 드러내는 큰 장점을 갖고 있었다. 이 협회들이 계층의 다양화로 인해 조장된, 엄격한 동업조합주의의 넋을 항상 피할 수 있었던 것은 아니다. 그리고 이 계층의 다양화는 당국으로 하여금 상대적 특권들, 즉 PRAG*의 자리들이 그들에게 취직 자리를 보장하는 조 · 부교수들의 자리를 줄인다고 불평하는 젊은 박사들, 논문을 마치거나 재교육을 받기 위해 없어서는 안 될 자유 시간을 열망하는 PRAG*와 PRCE,*[10] 그들의 장래의 교수 기록을 무겁게 하기 위해, 그리고 자신의 연구를 영원히 끝내지 못할지도 모르는 위험을 무릅쓰고 살아남기 위해 시간을 늘리는 시간강사들, 그들의 권력 싸움에서 뻔뻔스럽게 이런 순종적 노동력을 이용하는, 혹은 이런 사회적 '덤핑'을 염려하는 학위를 소지한 교수들간의 대립에 영향을 미치게 만든다.

상호 불만과 협동적인 애착은 단체의 경쟁을 만들고 유지하기

---

10) PRAG-PRCE의 11%는 박사학위 논문을 발표했고, 19%는 준비하고 있다.(DEP에서 인용한 주)

위해 다소 의도적으로 마련된 불평등한 법적 지위를 바탕으로 하고 있다. 한쪽의 열악한 근무 조건, 다른 한쪽의 지나친 행동과 관련된 사기 저하는 사회 전체의 불안을 은폐하는 개인적인 갈등과 분쟁 안에서 자신의 분출구를 찾고 있다.

사실 정교수들과 비정교수들은 이런 지역적·내부적 갈등을 뛰어넘어 진짜 책임자들, 즉 정부 그리고 공익사업의 악화에 기여하는 상상력이 결핍된 정부의 경영 정책을 비난해야 한다. 모든 증언들이 60년대에는 결코 찾아볼 수 없었던 새로운 박사 배치 체계에 의해 생산된 연구자들의 현재의 자질을 입을 모아 강조하고 있는 만큼 정부에 의해 창출된 젊은 박사들의 실업은 더욱더 심각하다. 따라서 대학들은 세대간의 갈등과 점점 더 신분의 격차가 커지는 계층들간의 투쟁에 직면해 있으며, 그것은 앞으로 점점 더 심해질 것이다.

이런 갈등은 장소와 학과에 따라 분량이 변하는, 온정적 간섭주의와 엘리트주의를 배양하는 특권적 지식 계급의 담론과 행동의 부흥에 의해 심화되고 있으며, 완곡하게 표현되던 경향도 점점 줄어들고 있다. 모집에서 지역주의의 늘어나는 비중, 현행 정책에 의해 감소된 자리들을 두고 벌이는 경쟁, 높은 단계의 학위 소지자들을 위한 대안적 출구에 관한 어두운 전망들(사기업, 연구, 행정, 중등 교육에서 박사학위 논문 준비자들의 모집률은 미미하다)은 고등 교육을 열망하는 젊은이들에게 고객우선주의를 휘두르기 위해, 그리고 젊은 교원들을 연장된 그러나 정당성을 잃은 의존 상태에 유지시키기 위해 힘 있는 자리에 정교수들을 배치시킨다. 특히 연구 지도 자격 부여 절차에 의한 새로운 체제의 논문 증가 덕에 복원된 구식 논문을 통해 그렇게 한다. 이런 실천들은 오래된 대학 안에 존재하는 가장 추악한 관습의 복귀를 알리는 것 외에, 지적인 경쟁심에는 전혀 기여하지 못하면서 젊은 세대를 구세대에 대한 연장된 복종에 익숙해지게 만든다. 게다가 이 새로운 학력 서열 제도는 가장 낡은 흐름으로 출발한다는 사실로 인해, 무척 유리한 경력에 대한 전망을 갖게 된 세대들에게 이롭게 작용한다. 1981년의 케르몽 보고서가 요구한 대로 '그래프의 곡선을 완만하게 펴지' 못한 탓에, 우리는 가장 높은 학위의 경우 상대적 결핍, 나아가 하부 지원자들의 선발을 기록할 우려가 있다. 국가 박사학위 논문의 실종, 그리고 연구의 지도 자격 절차에 관한, 지역과 학과에 따라 무척이나 다양한 해석은 빠른, 그렇지만 항상 정당한 것은 아닌 승진을 허용한다. 그것이 비록 과거보다 풍부해진 교수 자리 제공에 의한 것일지라도. 이런 신속한 회생(回生)은 학위에 관한 몇 가지 국가 기준들이 존중되는 조건하에서는 이로울 수 있다. 그런데 현행 절차는 대학들간의 순환과 설치된 지역망 또는 학과망에 적합하지 않은 지원자들에 대한 개방에 해를 끼치는 고객 우선주의적 타협을 허용한다. 때로는 사람들에 대한 배려나 사회적 포장에 의해 정당화되는 이 모든 자질구레한 조처들은 점차 축적되어 결국은 불공평의 희생자들의 사기 저하, 외부적 기여 없는 지적 침체, 일체의 공동 작업을 불가능하게 만드는 사람들간의 분위기의 악화를 낳는다.

겉치레 경쟁시험

이 새로운 학력 서열 제도는 모집 절차에서 나타나는 현재의 위기에 의해서도 크게 조장되고 있다. 프랑스 대학은 분명히 가능한 모든 처방을 실행해 보았지만 당사자들 전체가 그 결과에 만족한 적은 한 번도 없었다. **ARESER**는 이미 현행 체제의 단점들을 철저히 비판한 바 있고,[11] 그것은 지원자들의 집단 증언들 안에서 그 연장을 발견했다.[12] 이 모든 토론은 1996년 12월 15일자 판결에 의해 그 단점들이 더 심화된 현행 절차를 영속시키면 안 된다는 것을 증명했다. 이제 지원자들은 지원 행동을 할 때 모든, 또는 부분적 논문을 빼고 이력서만 보내면 된다. 이력서는 제1차 선발 때 심사위원장에게만 제출해야 한다. 그것들의 검토는 결국 임의적인데, 왜냐하면 심사위원장이 그것을 알고 싶어하는 심사위원들의 재량에 맡기는 데 만족하기 때문이다. 그리하여 그들은 30년 또는 40년을 종사하기 위해 고등 교육에 응모한 지원자들이 흔히 **이력서 심사 후에, 그리고 흔히 10여 분 만에 끝나는 인터뷰 후에** 모집된다는 역설에 봉착하게 된다. 보라, 정확한 절차를 거친 청원자를 의심하게 만들고 씁쓸함과 실망을 확대시키는 일은 많다. 그리고 우리는 또 직장 인터뷰와 뒤섞이고, 모든 분야의 고용주들의 가장 큰 이익을 위해, 재미있는 권력 싸움의 실천으로 돌아가는 것을 허용하는 것 외 다른 변명거리는 없는 서류의 선별에 불과한 것 앞에서 여전히 경쟁시험이란 말을 입에 올릴 수 있을까.

---

11) 《르 몽드》, 1996년 7월 18일자.
12) 〈대학의 조·부교수 모집. 불투명하고 폐쇄된 절차에 관한 시평〉, 《기원》 1996년 12월 25일자.

제안들

• 테스트 없는 거짓 경쟁이 돼 버린 모집 경쟁시험을, 테스트를 근거로 한 진정한 국가 경쟁시험으로 시급히 대체해야 한다. 그런데 그것은 새로운 체제의 논문 발표를 완성하기 위한 것이어야 한다. 왜냐하면 그것은 '지원자에게 피해를 입히지 않기 위한' 최고 평점의 급증, 그리고 연구 작업을 규정하는 기준의 다양성과 함께 학과, 논문 발표 장소, 심사위원 구성에 따라 매우 다양한 요구들을 내포하기 때문이다.

그래서 우리는 2020년부터 2030년까지 현재 있는 대학들의 미래를 구속하는 모집 제도의 재검토를 끈질기게 요구하는 것이다. 따라서 우리는 2개의 관문을 거치는 모집 제도를 추천하는 바이다.

1차 경쟁시험: 학과별로 1명의 **국제 심사위원** 앞에서 치르는 국가적 경쟁시험. 그런데 이것은 모든 지원자의 **서류**(출판된 또는 출판중인 **논문 전체**와 전체 논리를 밝히고 차후의 연장 작업들을 소개하기 위한 텍스트로 구성된) **심사**와 첫번째 선별에서 뽑힌 지원자들의 논문에 관한 내용 있는 **토론**(교육적 자질을 평가할 수 있게 해주는)을 바탕으로 한다. 이 경쟁시험은 교육과 연구에 관한 학문적 자격을 확인하게 될 것이다.

2차 경쟁시험: 대학의 특정 요구에 따라 지역 위원회에 의해 치러지는, 지원자의 교육적 적성에 대한 시험. (자리에 관한 일체의 사전의 또는 무언중의 암시를 배제한다.) 이것은 그것이 사실 한 사람의 교육자를 뽑는 일이라는 생각에 의해 정당화된다. 이 시험은 지원자의 교육적 자격에 의해 확인될 것이며, 그 자격은 오직 그것을 교부하는 대학의 범위 안에서만 유효하다.

이 제도는 고려되는 이런저런 지원자에 관한 일종의 거부권을 통해 지역적 민감성에 유의하면서도, 모든 합격자에게 하나의 자리를 준다는 집단적 규정으로 인해 1차 과정에 붙은 모든 지원자들의 이익과 정당한 기대를 해치지 않는다. 이런 형태의 두 과정이 존재하던 예전 제도에서는 자격을 나타내는 목록을 작성하는 것으로 만족했는데, 그것도 의무는 아니었고 그런 식으로 '자격 있는 사람들'에게 허울뿐인 기대를 품게 했다. 그래도 지원자 수와 자리 수 간의 불균형이 지나칠 경우, 또는 목적에 대한 집단의 계획과 토론의 부재가 어떤 세대를 희생시키거나 이롭게 해주는 '바람넣기'를 초래한다면 어떤 모집 제도도 신빙성을 잃을 것이다. 지나치게 철저히 악용된, 지역적 모집의 가능성을 야기한 영구적인 골육상쟁을 피하기 위해서는, 지원자가 몇 년에 걸쳐 박사학위를 딴 그 대학 내의 자격 신청 수리의 불가능성에 관한 조항의 엄격한 적용을 요구해야 할 것이다. 이런 조처는 모집에 진정한 국가적 성격을 부여하는 데에도 기여할 것이다. (지역적으로 많은 실험들이 행해졌다.)

• 교육적 노동과 대학생들의 배치의 개선은 고등 교육 교원들 간의 지위와 서열이 카스트 제도의 장벽들처럼 인식되지 않는다는 의미를 함축한다. 고등 교육이 원칙적으로 그래야 하는 것처럼 공적이 지배하는 세상에서는, 직함이나 직무의 등급에 의해 평가된 자격과 나이에 따른 차이만이 정당화될 수 있다. 다양한 계층에게 요구되고 연구, 교육적 배치, 개입 정도에서 그들의 참여에 따라 조정된 시간표에 접근함으로써 교원들간의 관계의 분위기를

개선할 수 있고, 이에 따라 반드시 집단으로 이루어져야 하는 작업의 효율성도 개선할 수 있게 될 것이다.

• 만일 강의의 큰 부분이 교육받지 않은 임시 계약자나 전혀 다른 환경에서 양성된 중등 교육에 관심 없는 교원들에 의해 보장된다면, CIES*에 의해 새 교원들을 양성하려는 배려는 여전히 불충분하고 어쨌든 실패할 수밖에 없다. 일부 대학은 이미 자리잡은 교수 겸 연구자들에 의해 경험이 부족한 교원들을 지도시키는 데 골몰하고 있다. 그런 기초 교육이 보편화돼야 하며 노동 시간 안에서 법규에 따라 고려돼야 할 것이다. (그들이 무료 자원봉사자로 간주되지 않도록.)

• 고등 교육의 인사 정책은 교원 단체에서 큰 몫을 차지하는 한 부분의, 날로 커져 가는 불안화를 중단시켜야 할 것이다. 이런 용이함에 계획적으로 의지하는 것과 이미 가장 나쁜 배당을 받은 대학들 안에서 이런 유형의 일자리 집중을 막기 위해 이같은 논리에 속하는 시간의 분담에 한도가 정해져야 할 것이며, 그것은 요구의 변동을 감당하기 위해 아마 필수적인 것으로 남을 것이다. 계약상의 규정은 일정한 보수, 분명한 고용 조건, 그리고 이런 유형의 직장에 적합한 사회보장을 보장하고, 지나치게 엄격한 일부 규칙에서 나온 여러 가지 부정 행위들을 유도하는, 투명성의 보장 없는 성급한 모집을 피해야 할 것이다.

4

학교의 이원론과 사회의 이원론

　프랑스 고등 교육 체제의 특이한 점들 중 하나는 사회적 특권층 이라는 소수에게 국한된 폐쇄적이고 선별적인 교육, 즉 그랑제콜 준비반(카뉴: 고등사범학교 문과 수험 준비반, 토프: 이공대학 수험 준비반 등)과 제한도 조건도 없고 그들이 나온 학교와 그들의 사회 적 출신 때문에 고등 교육을 받을 준비를 잘 갖추지 못한, 그리고 끝없이 늘어만 가는 학생들을 받아들이는 모두에게 개방된 교육 사이에 아주 뚜렷한 대립이 존재한다는 데 있다. 그리하여 가장 덜 무장된 학생들은 그들의 분명한 요구, 그리고 특히 함축적인 요구에 가장 맞지 않는 교육 형태들 쪽으로 향하게 된다. 프랑스 정부가 흔히 가장이나 허구의 한계에 와 있는, 일종의 **최소한의 서비스**로 축소된 대학에 대해 나타내는 **무관심**의 원인으로 보이는 이런 근본적인 이원론은 대학들 안에서마저 선별적 과정, 그리고 대피소 또는 찌꺼기 과정 사이의 학교적인 동시에 사회적인 분리 와 겹치고 있다.

제1기 과정의 사회적 이원론

'문제가 많은' 제1기 과정은 사실 중등 교육과 고등 교육 간의 연결 장치의 전체 기능 중 일부에 불과하다. 중등 교육에서 중등학교가 가진 문제들은 중등학교를 특정 사회적 환경 속에 다시 놓아 보지 않고서는 이해할 수 없듯이, 일부 과정에서 1학년의 높은 실패율은 그 과정을 본래의 고등 교육 공간에 놓아 보지 않고서는 이해할 수 없다.

제1기 과정에서 법학, 특히 의학 같은 일부 특수대학들은 거의 독점권을 누리거나 뉘메뤼스 클로쥐스[특정 인종 따위에 대한 입학자 수의 제한]나 다소 과시적인 선발을 시행하는 반면 다른 대학들 ——특히 문학과 인문학이 그러하고, 법학도 점점 더 그러하며, 이과학은 조금 덜한데—— 은 고등기술 분야에서, 수많은 학교와 IUT*의 선발 과정에서 거부당한 뒤 대개는 결함에 의해 대학 공부를 선택한 학생들을 받아들인다. 그들의 경우엔 바칼로레아[대학입학자격시험]만으로 충분하다고 인정되지 않는다. 결론적으로 대학 제1기 과정은 고등 교육 1, 2학년 정원의 55%밖에 되지 않는다는 것을 기억해야 한다.[13]

이런 사회적 분열은 물론 현실적인 것이지만 모든 개혁 계획에서는 잊혀지고 있다. 사회학자들은 오래 전부터 이 기능적인 이원론이 동시에 **사회적 · 지리적 이원론**이라는 것을 밝혔다. 왜냐하면 과정들의 서열이 학생들의 사회적 · 지리적 · 학교적 출신의 서열

---

13) 1995년 1월의 비율. 출처: 라브로프 보고서.

과 어느 정도 함께 가기 때문이다. (바칼로레아에서 받은 성적, 바칼로레아를 취득한 나이, 취득한 계열의 형태로.)

이를테면 DEUG* 과정에서의 실패율이 나타내는 낭비를 고발하는 사람들은 이 실패들이 그들이 생각하는 것처럼 학생들이 교육에 적응하지 못하기 때문만이 아니라, 우리가 처음부터 가장 덜무장된 학생들을 가장 취약한 배치와 재원으로 인해 가장 나쁜 조건에서 혼자 해결해야 하는 과정들 속으로 쫓아보냈기 때문이기도 하다는 것을 기억해야 할 것이다. 특히 IUT*의 부조리한 기능을 중단시켜야 할 것이다. 단기간의 전문화된 고등 교육을 목표로 삼은 대학 입학 자격자들을 위해 고안된 그것들이 이제는 대다수의 일반화된 대학 입학 자격자들을 맞아들이고 있다. 진로 결정에 관한 이런 전적인 자유는 부정적 선택에 의해 기술대학 또는 전문대학의 입학 자격자들을, 다수의 낙제를 받아들여야 하는 긴 과정 쪽으로 내모는 결과를 낳는다. 그와 동시에 이런 식으로 쫓겨난 대학 입학 자격자들의 '자리'를 차지한 DUT* 소지자의 근 50%가 이후 제2기 과정(대학 졸업 과정과 석사 과정), 제3기 과정(박사학위 과정)을 계속해 나간다. 문학·경제학·사회학·과학 분야의 대학 입학 자격자들에 대해 점진적이고 이론적으로 납득할 만한 폐쇄 쪽으로 가는 조처가 이런 방향 전환과 그 결과로 나타나는 실패들을 피할 수 있을 것이다. 그것은 IUT의 용도를 정당화하고 DUT 소지자들의 학업의 속행을 금지하지 않을 것이다. 그런데 그 DUT 소지자들의 성공은 전문 학위(사용되지 않은 채로 남는)의 안전과 바칼로레아 +3이나 그 이상을 손에 넣으려는 구상을 결합하는 전략적 능력을 확인하는 대신, 오랜 학업을 영위할 능력을 증명하는 가치가 있다.

다른 사람들은 이 점에 관해 파렴치하게 따진다. 비대학 과정들에 존재하는 것과 같은 선발 제도를 대학 입학에서 확립하는 것은 정치적·사회적으로 불가능하기 때문에, DEUG는 실패에 의한 선택을 통해 제2의 바칼로레아 역할을 하고 있다. 그것은 선발 과정들이 나타내는 사회적 불의에 대한 이의로부터 그것들을 보호하고, 학생 대중 가운데서 가장 뛰어난 학생들을 갖지 못해서 실망한 교수들로 하여금 그들이 자격이 없다고 판단하는 이 학생들을 뻔뻔스럽게 축소함으로써 자신의 욕망을 싼값으로 만족시키게 해준다.

실제로 이 배척 정책은 신입생의 사회적 불평등을 학위나 그것의 결여에 의해 확인되는 사회적 불평등으로 변화시키는 데 기여한다. 그것은 정치적으로 정당화할 수 없는 동시에(모든 사용자를 똑같이 돌보지 않는 공익사업이란 무엇인가?) 시간과 돈의 낭비이다. 따라서 맹목적인 자유방임을 탈피해야 한다.

대학생들의 불안의 원인

프랑스의 고등 교육이라는 특정 역사의 산물인 이 낡은 문제에는, 중등 교육과 프랑스 사회에서 중등 교육이 맡은 역할의 사회적 변화와 결부된 새로운 자료들이 추가된다. 이론적으로 고등 교육에 대한 접근을 보장하는 바칼로레아 과정들의 다양화는 전통적인 대학들에 대학 입학 자격자들을 보내는데, 그들의 최초 교육은 비선택적인 단과대학들의 교육적 내용과 방법에 의해 점점 더 연기되고 있다. 사실 일반 문화의 전통적 형태들에서 유래한 이런 과정들은 역설적이게도 바로 이 새로운 대학생 계층이 갖지 못한 상속된 문화 자본과의 가장 큰 친밀함을 전제로 하는 과정들이며, 대개 그들의 사회적·학교적 출신 때문에 가장 불리한 대우를 받는 이 학생들에겐 (상속된 문화 자본이라는) 그런 함축적인 코드나 지식이 없다. 흔히 중등 교육에서 가장 덜 '수사학적'인 분야 출신들인 그들은, 한편으로는 가장 오래된 계열의 동료들과는 달리 그들이 전혀 아는 바가 없는 시험들과 대면하고 있다. 중등 교육 내의 차별의 기준으로 라틴어가 차지하던 자리를 수학이 대신 차지했기 때문에, 문학과 법학의 DEUG에 투신하라는 강요를 받은 상당수의 고등학생들은 수학이나 경제학을 할 만한 자격이 있다고 충분히 인정되지 못했다는 이유만으로 이 길을 선택했지만, '제3기' 과정 출신자들은 두번째 부정적인 선발의 산물이 아니다. 그런데 모든 조사가 보여 주듯 어느 학교 출신이냐 하는 것은 DEUG에서의 성공을 강하게 예언하는 요소이다.[14]

따라서 우리가 점잖게 '대학 방침의 기능 장애'에 책임을 전가하는 것은 사실 **중등 교육 내 선발 기준의 부적당함**의 결과이다. 세대간의 거리와 고등 교육 교원 선발 방침 때문에, 대개 전혀 다른 교육 제도 출신인 고등 교육 교원들은 이 새로운 문제들을 이해할 준비가 안 돼 있는데, 왜냐하면 그것이 그들에게 그들의 사회적 지위의 토대로 여겨지는 바를 재검토할 것을 요구하기 때문이다. 그로 말미암아 교원들과 신입생들 간의 교육적 거리와 불협화음이 끊임없이 커지고 있다.

---

14) 1994년에는 제1기 과정에 들어간 기술대학 입학 자격자들 중 27%가 DEUG의 관문을 통과한 반면, 다른 계열에서는 입학 자격자들 중 65%가 DEUG의 관문을 넘어섰다.

과정들간의 거리 좁히기

이러한 진단에서 어떤 처방을 내릴 것인가가 결정된다. 물론 이 새로운 대중들과 그들에게 낯선 환경 사이의 교육적 관계를 개선하는 내용의 몇몇 처방들, 이를테면 후견인 제도, 방법론적 지지의 시간들, 좀더 길어진 진로 결정 과정, 시험에서 탈락의 효과를 완화하기 위한 교육 양식의 개선 등이 여러 곳에서 이미 시도된 바 있고 때로는 성공을 거두기도 했다.[15] 하지만 만일 우리가 실질적이고도 효과 있게 맹목적인——따라서 사회적·문화적 불평등을 재현하는——선발 방침을 바꾸고 그것의 효과도 줄이기를 원한다면, **모든 그랑제콜에서 자격을 승인받은 학생들 또는 특정 경쟁 시험 출신 학생들의 몫을 대폭 증가시키는**(정치적 또는 직업적 조합에서 적어도 8년의 경험을 가진 사람들의 접근을 허용하는 ENA의 세번째 경로를 표본으로 삼아) 동시에 **대학 제1기 과정을 가장 선택적이고 가장 높이 평가된 과정들의 교육학과 배치라는 원칙에 맞춰야** 한다. 이것은 무시할 수 없는 비용을 예상케 한다. 왜냐하면 DEUG 과정에 3만 2천 프랑이 드는 데 비해, 특수대학 준비반이나 IUT 과정에는 각각 7만 프랑과 3만 2천 프랑이 들기 때문이다.

하지만 특혜를 입은 과정들과 천대받는 과정들 간의 끊임없이 커지는 격차를 줄이는 효과를 낳을 수 있는 그런 정책은 전통적인 고등 교육 안에서 두 가지 난관에 부딪친다. 하나는 가르치는 과목

---

15) J. 피야코프와 A. 쿨롱에 의해 소개된 1994년 1월 22일자 **ARESER**의 토론 발표를 보라.

들의 극심한 다양성이고, 다른 하나는 결합의 상대적인 자유인데 그것은 DEUG에서도 마찬가지이다. (폐쇄적인 과정들의 교육의 엄격함에 비해.) 대학생들의 효율적인 배치의 조직은 그들 자신이 혼성 집단이고 학업에 몰두하는 정도가 같지 않은 만큼 더욱더 힘들다.[16] 게다가 공적 업무에 전적으로 헌신하는 경우를 제외하고 당연히 반대의 경우보다 수적으로 적은 교원들이 제1기 과정에 고르지 않게, 그리고 대개는 그들의 자격의 이론적 수준에 반비례하게 참여하고 있다. 우리가 자신들의 불안한 지위 때문에 그것들을 거절할 수 없는 사람들과 자격을 덜 갖춘 사람들에게 기초적인 것으로 판단되는 학력 제고나 방법론적 교육 업무를 기꺼이 맡기고 있다는 것을 많은 증언들이 지적하고 있다.

상투성이 원하는 것과 같은 '종속화'가 전혀 없는 이런 교육 노동의 분할은 유사한 배치에 의해 사실상 또는 부분적으로 책임을 지게 되는 학사 과정들과 학생들 사이에 추가적인 단절을 만드는 단점이 있다. 왜냐하면 학생들의 일부만이 지속적인 감독을 따르거나 임명된 조교들, 후견인들과 진정으로 관계를 맺을 시간이 있기 때문이다. 한편 대학들 내부의 불평등 또는 대학들간의 불평등은 유사한 배치 제도가 지역적 상황에 따라 보편화되기 어렵게 만든다. 배치가 잘 이루어진 대학들, 그리고 만족스러운 수의 제2기와 제3기 과정 학생들을 확보한 대학들은 이런 추가적 부담을 분배하면서도 나머지 기능을 망쳐 버리지 않을 수 있다. 반대로 성장

---

16) 부분적으로 이것은 특히 학비를 벌기 위해 시간제 또는 종일제로 일하는 법학·문학의 제1기 과정 대학생들의 수가 가장 많기 때문이다. (B. 라이르의 《공부 방법들》(파리, 라 도퀴멍타시옹 프랑세즈 발행, 1996년) 44-45쪽을 참조하라.)

률이 가장 높으며 전체 정원에서 제1기 과정이 다른 과정들보다 비중이 더 많고 더 최근에 지어진 대학들 안에서는, 설사 이것들이 가장 필요한 곳이 이곳이라고 해도 이런 교육학적 모델들을 적용하기 어렵다. 우리는 최근 우리가 중등 교육의 불리해진 시설을 위한 특별한 조처들을 도입하고자 했을 때 확인한 것과 같은 어떤 불평등주의의 논리를 다시 발견하게 된다. 게다가 자율적인 주도권 위에 세워지고 의지주의적 · 계급적으로 조종되지 않는 어떤 조직 구조 안에서 이런 절차들은 지역팀들의 주도권과 그들의 소유권에 대한 평가에 남겨진다. 따라서 어쩔 수 없이 부분적이고, 각각의 시설의 특별한 조건에 종속되는 이런 해결책들은 실패율의 이런저런 근원에 대해 지역적으로, 비전체적으로만 공격을 가할 수 있을 것이다.

일반화해야 할 개혁들

하지만 그밖에도 수많은 긍정적인 경험들과 시도들이 여기저기서 시도됐고, 만일 그것들의 **정상적인**(그리고 비 '영웅적' 인) 적용 조건 자체가 일반화된다면 그것들도 일반화될 수 있을지 모른다. 창립 역사가 가장 짧은 대학들에서, 외국의 예에 의해 가장 많은 영향을 받은 과목들(사회학)에서, 또는 정상을 벗어나는 실패율을 보이는 상황들에서 조화는 더 잘 이루어지고, 학생들에게 더 균질적이고 일관성 있는 교육을 보장하기 위해 모든 수준의 교원들간에 필요 불가결한 커뮤니케이션이 이루어지고 있다. 그렇지만 교원들이 학과와 수준에 따라 요구될 수 있는 최소한의 학생 수에 관한 문제들을 검토하고 토론하는 경우는 무척 드물다. 하지만 대개 함축적인 상황에 남겨지는 것, 학교의 자격에 대한 보증을 구성하고 특히 고용주들이 대학의 학위 소지자들로부터 기대할 권리가 있는 것도 이런 표준들이다. TD[지도 활동] 코스 전체의 양식, 최소한의 공통된 방법들과 노하우의 전수, 결과들의 평가에 관한 협의는 공히 극도로 드물다. 사정이 그렇다면 그런 검토는 제1기 과정과 다른 과정들의 활동을 담당하는 사람들 사이에서 점점 더 어렵게 형성되는 특수화의 고리를 깨도록 유도할 것이고, 교육학적 실천에서 전체적인 자유의 습관과는 덜 일치하고 구속력은 더한 참여에 관한 전반적인 여건과 결과에 관해 생각하도록 유도할 것이다.

교원과 학생들 간의 수적인 관계가 상당히 양호한 이과의 학과들에서, 혹은 때로는 일부 법학 과목들에서 교원 단체 개념을 구체화하기 위한 노력이 오래 전부터 행해졌다. 우리가 교원 모임이라고 부르는 것을 실천하는 것은 전통적인 일이지만 일반적인 일은 아니다. 원칙적으로 교원 모임은 주 1회 열리며, TD의 교원들과 계단강의실에서 열리는 강좌를 맡은 교원(때로는 TP*[실습 활동]의 책임 교원들까지도)을 한자리에 모은다. 교원 모임의 목적은 강의, 특히 TD의 내용을 함께 준비하자는 것이다. 이 모임은 대부분 이런저런 계획의 관점에 관한 이론적 토론을 야기한다. 이 모임은 그 구성원들이 그들의 학생들 앞에서 다루어야 할 실습들의 발표를 포함하는 'TD의 종이 한 장'이라는 서류를 확실한 결과로 내놓는다. 따라서 스승의 같은 강의와 다른 TD(제한된 집단으로)를 듣는 학생들은 개인적인 차이를 제외하면 같은 교육을 받는 셈이다. 교원 모임은 또 스승의 강의와 TD 간의 어떤 조정을 보장할 뿐만 아니라 공통된 교육적 반성을 장려하며 젊은 동료들, 조교들,

ATER,* AMN*을 위한 교원 직업 양성 장소가 되기도 한다.

이 작업 조직은 이과 과목들에서는 학습의 본질 자체, 상당히 제한된 실습의 토대, 공동으로 작성할 수 있는 정밀한 발표들과 관련이 있다. (설령 이것이 실험실에서 하는 집단 작업에 익숙한 물리학자들에 비해 수학자들에게는 그다지 익숙하지 않은 방법이라 해도——이것이 대학생들이 불평하는 부분인데, 왜냐하면 그들은 시험에 대비해 똑같이 준비하지 못한다는 느낌을 갖기 때문이다.) 이것은 우리가 이과 과목들로부터 멀어질 때 적용하기가 더 어렵다. 시간 비용(모임은 매주 한 번씩 열린다), 특히 수많은 과목들의 관례는 그것들의 명백한 교육적 이점에도 불구하고 이런 실천의 일반화된 도입을 방해한다. 우리가 그런 조직으로부터 기대할 수 있는 주된 효과는 교원들의 교육 쪽에 있다. 가장 나이 든 사람들을 위한 지속적인 교육, 그들의 선배들의 경험을 공유하는, 새로 모집된 회원들을 위한 첫 교육. 이 모임들은 또한 일종의 학문적 교환의 형태로서 이해될 수 있다. 이것들은 질문을 제기하고, 학생들이 성공한 것과 실패한 것을 평가하며, 수줍음 없이 불분명한 점들을 밝힐 수 있는 유일한 기회이다.

특별한 지적 공간의 독특한 실천의 관찰로부터 보편적인 결론들을 이끌어 낼 수는 없지만, 그래도 우리는 **이과 과정의 제1기 과정에서의 실패율이 다른 과정들보다 낮다**(법학의 50.8%, 문학과 인문학의 61.2%에 대해 평균 65.5%가 인정된다)는 것에 유의해야 한다. 물론 최고의 작업 조건과 바칼로레아 'S'에 의한 선발도 이에 기여하고 있지만, 집단 작업의 관례도 아마 이런 상대적 성공 안에 상당 부분 포함될 것이다.

보수주의의 극단적 비관론을 반대한다

비록 지적 작업의 질을 염려하고는 있지만, 일부 교원들은 여기 제시된 교육적 개혁들에 대해 흔히 주저하는 자세를 보인다. 그들은 이 개혁들이 처음부터 잘못 만들어진 톱니바퀴에 고작 기름 한 방울 떨어뜨리는 것과 같다는 느낌을 받고 있다. 가장 난폭한 선별을 행사하는 제1기 과정의 고등 교육 분야는 교육적 개혁이 가장 취약한 분야이기도 하다는 것이 명백한 사실이다. 왜냐하면 우리는 주문에 맞춰 생산된 학생들이 재검토되지 않는 어떤 독단적 전통에 적응할 거라는 원칙에서 출발하기 때문이다. 여러 조사들은 이를테면 우리가 주입식 교육법을 행사하는 곳, 즉 특수대학 준비반과 의대 1학년은 역설적이게도 학생들의 만족률이 학생들의 개인적인 주도권이 훨씬 더 큰 과정들보다 훨씬 더 높다는 것을 지적하고 있다. 그런데 그 까닭은 그저 게임의 법칙이 분명하고, 견디지 못하는 사람들은 이미 도망쳐 버리는 바람에 투표에서 빠졌기 때문이다.

다른 과정들에서, 실패와 그 실패가 부추기는 불안은 흔히 추구하는 학업에 대한 선택적이고 긍정적인 애착의 결여로부터 나온다. 결함에 의한 이런 소명, 또는 막연한 판로와 가변적인 내용의 일부 과정들과 관계 있는 방식의 현상들은 사실 성공의 본래 담보물이 아니다. 대학인들은 현 사회의 사회적·문화적 긴장의 산물인 이런 실패의 원인에 대해 약간의 행동 수단밖에 갖고 있지 못하다. 공부가 무엇보다도 먼저 실업에 대한 보험으로 여겨지는 나라, 고등 교육 과정들의 분할과 단기 과정들 또는 배치율이 높은 과정들의 수요와 공급간의 부적당함이 특히 두드러지게 나타나는 나라에서는, 과밀 대학생 인구가 비용도 많이 들고 거래도 제한된 실질적인 학위에 접근하지 못하기 때문에 대학의 '무른' 분야에서 가격에 구애받지 않고 표면상의 학위를 추구한다. 시험을 거치지 않고 등록하거나, 혹은 과정이 쉽다 또는 어렵다는 소문에 따라 금년에서 내년으로 학기를 바꾸는 대학생들의 극단적인 휘발성이 거기서 나오는 것이다.

사회적 위기의 이런 혼란스런 결과는 흔히 대학 구조의 보수주의를 변호하는 데 사용된다. 무엇 때문에 사기 저하로 인해 그들 스스로 적당히만 내포되는 대학생들을 위해 관심을 쏟겠는가? 이런 범주의 대학생들의 행동은 대학에도 속하지 않고 대학인에게도 속하지 않으며 교육성에도 거의 속하지 않는 외부적 변수들에 영향을 미침으로써만 고칠 수 있는 것이 분명하다. 이때 외부적 변수들이란 실업률, 손에 넣은 장학금이 보충적 재원으로 쓰이는 일부 가정의 금전적 곤란, 지원을 잃고 낭패를 겪고 있는 학생들을 위한 유급 활동의 의무, 혼란에 빠진 교육 연한을 미리 연장하는 학업과의 유감스러운 관계, 또는 끝으로 일자리를 창출할 수 있는 경제의 능력 같은 것을 말한다. 학업의 무익함과 '실업자들을 만들어 내는 대학들'에 관한 지배적인 담론을 어디에 덧붙여야 할까? (그래도 관련된 정보의 차단, 10년 전부터 계속돼 온 전체적인 악화에도 불구하고 타격을 받은 계층에 따라 감소하는 실업률 문제가 남는다.)

하지만 통탄의 담론이 모든 보수주의를 정당화하는 극단적 비관론으로 바뀐다고 해서 대학인 집단에 달려 있는 사항을 지체하지 않고 개선하려는 노력이 방해를 받아서는 안 된다. 왜냐하면 그것의 실수, 또는 그것의 책임이 아닌 공익사업의 요인들에 관한 전체적인 경제적 선택의 결과를 버리는 위장된 정치적 담론을 고발해야 한다는 것도 알기 때문이다. 확실한 것은 대상 학생들이 그들이 거친 학교들과 그들의 사회적 출신으로 인해 통상적인 형태 안에서 고등 교육에 의해 암암리에 강요되는 조항들을 더욱 철저히 갖추지 못하는 만큼 특권을 누리는 일부 학교에서 하듯 소집단 작업 위에서 형성되고 작업 안에서 어떤 형태의 규율, 지속성과 안전성을 보장하는 교육법(이것은 그 증거로서 주입식 교육법의 만족스러운 결과를 찬양하고 있다)은 더욱더 절실히 요구된다는 것이다.

제안들

• 특수대학 준비반의 촉성 재배 방식을 확실히 포기함으로써, 그리고 오늘날 이미 특권을 누리고 있는 '엘리트'에게 국한된 특혜들을 모든 과정들로 확장시키려고 노력함으로써 과정 유형들과 교육적 표본들 간의 대립을 줄인다.

• 전체 교육법 중에서 근접성의 교육법에 특권을 부여한다.

• DEUG를 요행이나 맹목적인 게임으로 변질시키는(5장에서도 이와 관련된 내용이 나온다) 대우와 평가 기준의 불공평성을 피하기 위해 팀을 최대 한도로 조직화한다.

• 내용의 학습과 방법의 학습을 차단하는 것을 피한다. (그렇다고 지나친 모성애적 태도에 의해 자율성의 점진적 학습을 망각해서는 안 된다.)

• 교수단에 의해 흔히 무의식적으로 적용되는 여러 가지 함축

적인 규칙들을 이해할 수 있고 읽을 수 있는 것으로 만든다.

- 특히 오늘날 그러한 것처럼 이기심으로 인해 기대할 만족도, 처벌도 없는 이런 의무를 회피하게 만들지 못하도록 준비·조직·평가 모임들의 실제 시간을 업무 시간에 포함시킴으로써 이런 부속물과 방향 제시 교육법의 일시적인 비용을 계산할 것을 요구한다.

- 개혁이나 몰두를 원하는 교원들이 보상적 성격의 특혜(안식년 등)에 동의함으로써, 그리고 다양한 교육적 개입 수준간의, 또는 다양한 배치 형태간의 정기적인 교대를 예측함으로써 그들 자신의 이익과 연구 활동을 희생시켜야 하는 상황을 피한다.

5

반교육적인 교육법

대학의 개혁들은 우리가 또 다른 지적·교육적 모델과의 관련하에 구상된 장소와 시설(특히 도서관) 안에 그것들을 설정하려고 시도한다는 사실로 인해 상당 부분 중단된다.

부적합한 장소들

고등 교육 시설의 부동산은 사실 2개의 주요 유형의 축적의 산물로서, 이것은 시설의 낙후된 정도에 따라 각기 다르게 존재한다. 첫번째 유형은 대개 가장 학생 수가 많고, 대도시의 부동산 시장의 구속을 가장 노골적으로 따르는 가장 오래된 대학들과만 관련된 것이다. 이 대학들의 건물은 지난 세기말에 세워진 것들이고 웅장한 건물을 추종한다. 이런 대학의 지배적인 교육법은 스승의 직접 강의를 통한 교육법이었다. (그리고 아직도 그 비중이 크다.) 대학생들의 취미 서클 장소로 구상된 이 장소들 안에서 수용은 불충분하고 공간은 부족하며 장소의 할당은 불가능한 일이 된다. 계단식 강의실은 지나치게 많고 변조할 수 있거나 중간 크기인 강의실, 넓은 복도와 계단은 충분치 않으며, 만남의 공간은 없고, 도서관의 좌석 수는 지금의 10분의 1밖에 안 되는 정원을 위해 계산됐으며, 책을 보관하는 공간은 현재의 기준과는 무관하다. 에드가 포르 법 당시 오래된 단과대학들의 분산에 따라 장소들을 구분한 것이 20세기말 대학에 적합하지 않은 이 공간에 부조화를 첨가했다. 이런 현실적인 곤란들이 마찰과 시간 낭비를 낳고, 대학 영역들 가운데 가장 명성 높은 곳을 위한 상징적 경쟁과 세력 다툼을 낳는다. 지적 작업을 생산하는 공간에서, 이런 유산과 결부되어 이 어인 반생산적인 결과란 말인가! 도서관의 자리 하나와 책 한 권을 위한 기다림, 한데 모이거나 공동으로 작업하는 데 따르는 곤란, 자료 찾기에 의해 끊기는 비효율적인 공부, 지식에 접근하는 데에서 오는 실망, 작성 장소의 부족으로 인한 밀도 낮은 논문들.

두번째 유형은 지난 60년대에 일었던 첫번째 대학 확장 기간 동안에 지어졌다. 이런 긴급 건축 과정은 오래 전부터 있어 왔다. 성급한 건축, 빈약한(또는 위험한, 석면에 관한 토론을 보라) 자재, 도시에서 멀리 떨어진 값싼 공터 위의 무모한 부지 설정. 애초에 근접 구역을 만드는 도시 정책은 고립을 억제해야 했다. 하지만 이 변두리 구역들은 설령 툴루즈의 미라유에 낯선 세상들이 나란히 놓여 있다 해도 그것들 자체가 사회적 귀양의 장소가 됐다.[17] 문학·인문학·법학 정원의 지나치게 빠른 증가로 인해 정신을 못 차리게 된 계획 수립자들은 서둘러 이에 대처해야 했고, 그로 인해 작업 공간 면에서 이 캠퍼스들의 지속적인 시설 부족 현상이 나타났다. 90년대초의 투자 덕에 이런 최초의 실수들 중 몇 가지는 도

---

17) 피에르 메를랭의 《외국과 프랑스의 대학 도시 계획》(에콜 나쇼날 데 퐁에 쇼세 출판사, 1995년) 261-262쪽.

심과의 연결 공간의 설치(전철·지하철), 부족한 만남의 장소의 추가, 지나치게 훼손된 건물의 수리와 현대화에 의해 교정될 수 있었다.

60년대에 서둘러 지어지고 궁핍한 70년대와 80년대에 관리된 이 건물들은 따라서 최악의 조건 속에서 90년대의 새로운 대학생의 물결과 대면했다. 높은 실패율은 부분적으로 거기에도 원인이 있다. 엄격하고 단순한 규범(중등 교육의 규범) 제도에서 모호하고 복잡한 제도, 등록 장소들의 해독과 접근 자체에 문제가 많은 제도로 갑자기 이식된 고등학생들은 가장 구체적인 의미에서 자신의 위치를 아는 데, 즉 어디서, 누구와 함께, 어떻게, 그리고 어디를 가기 위해 공부하는가 하는 것을 아는 데 가장 큰 곤란을 겪을 수밖에 없다. 실패율이 적은 대안적인 모든 대학 구조들(IUT, 특수대학 준비반, 고등기술과)은, 사람들이 말하는 것과는 달리 그곳의 대학생들이 최고라는 한 가지 이유로 그렇게 된 것이 아니다. 그것들의 작은 규모, 단순한 조직, 관료들과 교원들에게 용이한 접근과 관련된 위치 측정, 장소 식별, 고용의 용이함의 덕도 많이 보고 있다.

파리의 대학들은 장소들과 결부된 이런 제약들로 인해 더 많은 피해를 입고 있으며, 2개의 상반되는 조건을 결합한다. 몇몇 거대 중심지의 과밀 집중, 그리고 정원과 학업 장소의 극단적인 증식과 분산이 그것이다. 그리하여 쥐시외(파리 6지구와 파리 7지구)의 비인간적인 캠퍼스가 4만 5천 평방미터 위에 일개 군민(3만 명)에 해당하는 학생들을 수용한다. 피에르 망데스 프랑스 센터(파리 1지구)는 3만 2천 평방미터의 '끔직한 고층 건물' 22층에 1만 5천 명의 학생들을 수용하는 반면, 이 대학의 나머지 건물은 도시의 곳곳과

변두리에 다양하고 분산된 기능의 소규모 별관 15개로 구성돼 있다. 이런 분산은 교원들간의 커뮤니케이션을 어렵게 하고, 행정적 조정을 복잡하게 만들며, 학생들을 어리둥절하게 만든다. 이것은 물론 토지 구속의 대가이다. 하지만 감독 당국에게도 무거운 책임이 있다. 일 드 프랑스 구는 '2000년의 대학' 계획에 가장 늦게 서명한 곳 중의 하나이며, 이를테면 소르본대학 부지의 소유주인 파리 시는 자신의 대학 유산 덕에 많은 이익을 남긴 적이 한 번도 없었는데, 이는 프랑스 국립도서관 옆에 소르본대학 별관을 짓는 계획의 부진이 지적하는 바와 같다.[18]

대학의 사용자들도 전적으로 무고하지는 않다. 오래된 또는 새로운 장소의 용도 변경, 합리화 계획의 대부분은 관례·관습, 현행 고등 교육의 제약에 적합하지 않은 기억들에 대한 집착과 충돌한다. 영원한 투쟁의 원천인 장소의 편성은 오히려 권력의 영향력과 가까움의 표현으로 고려되지 결코 합리적으로 풀어야 할 문제로 고려되지 않는다.

지방의 큰 대학들도 정도는 덜하지만 파리 시가 겪는 이런 병리학적 증상을 겪고 있다. 도시의 공간은 덜 포화됐고 평방미터당 가격도 덜 비싸기 때문에 '2000년의 대학' 계획의 일환으로 시작된 재편성이 더욱 뜻 깊을 수 있었다. 반대로 앞선 지역들간의 불균형, 즉 대학 유형(단과대학 또는 종합대학)들, 옛날에 교육 시설을 갖춘 지역들, 관내 대학의 낮은 교육 시설 정비를 따라잡고 있는 중인 학구들간의 불균형들은 오히려 더 심화됐다. 전문화된 교육

---

18) Ph. 아몽의 〈새로운 라틴가를 위해〉(《르 몽드》, 1997년 5월 22일자, 15쪽)를 참조하라.

의 증가에도 불구하고 80년대말과 90년대초 대학생들의 새로운 물결은 특히 이미 60년대의 가장 큰 물결을 수용한 학과들 쪽으로 흘렀다. 적당한 장소 면에서 항상 최악의 조건이었던, 그리고 예전의 강의 관례가 표준들의 상실을 강화시키는 바로 그 학과들 말이다. 그리하여 법과대학과 마르세유의 오래된 이과대학의 한 부분을 결합한 엑스마르세유 3대학에서는 7천9백71명의 법과 대학생들이 1994년 당시 1인당 1.24평방미터의 공간을 보유한 데 반해, 이과대학 동료들은 그보다 10배나 넓은 면적에서 공부했다.(평균 대학생 1인당 14.1평방미터)[19] 최근에 세워진 종합대학 중 하나인 부르고뉴대학은 학과의 전통에 따라 같은 격차를 확인하게 해주는데, 그것은 불규칙하게 분배된 최근의 성장(10년 사이에 80% 증가함)이 더욱 강화했다. 결론적으로 캠퍼스 건물 전체는 1993년과 94년에 2만 8천1백38명의 학생들을 위해 19만 6천 평방미터 이상을 제공했는데, 이것은 파리의 경우와 비교할 때 적당한 이론적 평균치(6.9평방미터)라 할 수 있겠다. 하지만 문학과 인문과학의 9천 명의 대학생은 1인당 겨우 1.6평방미터를 차지했고, 법학도들과 경제학도들은 약 1.6평방미터에 만족했다. 이과 대학생들은 3배(3.7 평방미터), 의대생·약대생·생물학과 대학생들은 4배(4.7평방미터)나 더 넓은 생명 공간을 향유했다.[20]

실패율이 가장 높은 학과들의 만성적인 포화 상태는 이 문제에 대한 교수들의 무관심, 사용자들은 나그네들에 불과하다는 생각, 그리고 객관화되거나 부수적으로 돼 버린 내부적 관계의 양상에

---

19) 엑스마르세유 3대학에 관한 〈1994년 CNE의 보고서〉에서 인용한 숫자.
20) 부르고뉴대학에 관한 〈1994년 CNE의 보고서〉에서 인용한 숫자.

동시에 기인한다. 장소의 외형이 낳은 과거의 교육적 모델들은 그로 인해 더 강화되었다. 지난 시대의 그런 계단식 강의실 대신 인체의 크기에 따라 조정할 수 있는 방, 만남의 공간, 또는 작업실을 얼마나 정비할 수 있을까? 하지만 우리는 지금도 계속 1층에 새로운 대학 건물들을 설치하고 있다.

스승의 강의를 억제하기

제도의 기능 장애와 그것이 촉진하는 실패들에 적잖이 기여하는 또 다른 착오는, 모든 장애를 극복하고 제1기 과정에서 스승의 강의라는 이 위장된 교육법을 유지하고 있다는 것이다. 그런데 바로 그곳에서 이 교육법은 가장 무의미하고 효과가 없다. 모든 사려 깊은 교수들은 그것을 알고 있다. 다시 말해 우리가 실제로 아무것도 모르고 **선험적**으로 능력이 모자란다고 판단하는 어떤 청중 전체를 대상으로 강연을 하는 것은 정보의 최대 손실을 무릅쓰는 행위이다. 오직 프랑스와 아직 경쟁력이 덜한 고등 교육 체제를 가진 나라들만이 이러한 전통을 유지하고 있다.

이런 방식의 옹호자들은 일반적으로 인간적 접촉, 집단적 정서의 창출, 사제지간에 서로 마주 보아야만 나올 수 있는 것으로 가정되는 지적 고양을 내세운다. 이것은 지나간 세기들의 카리스마 넘치는 비범한 교수들에게서 고취된 매혹적인 전설이다. 스승이 직접 하는 강의의 교육적 현실은 과거의 엘리트 대학들 안에서도 전혀 다른 모습이었다. 우리는 여기서 표면적인 효율과 선발된 지원자들이 다수를 차지하는 동안 대부분의 '고역'을 면제해 주는 것을 주된 미덕으로 하는 어떤 '교육' 방식의 현실적인 효율을 혼동하고 있다. 대학생들의 모든 증언이 연극의 이런 빈약한 판본이 낳은 불안을 말하고 있다. 이것은 특히 인쇄, 문고판 서적, 케이블이나 위성 텔레비전의 시대에 터무니없는 것이다. 성실한 모든 교정자들은 심사위원들의 모임에서 우리가 헐뜯는 실수와 잘못의 숫자를 알고 있다. 그리고 그것들은 스승이 직접 하는 강의를 듣는 열악한 조건의 산물에 불과하다.

이토록 반교육적인 교육법을 선택한 데 대한 유일한 변명은 교육학적인 것이 아니라 경제학적인 것이다. 스승의 직접 강의는 아주 많은 수의 학생을 가장 적은 비용으로 다룰 수 있게 해준다. 그런 실천이 '호기능'을 낳는 데 필요한 최소한의 조건이 항상 충족되는 것은 아니라는 말을 어디에 덧붙여야 할까. 대규모의 계단식 강의실은 별로 많지 않기 때문에 항상 학생들에 의해 점령되어 있다. 이전 강의가 아직 끝나지 않았는데 제일 먼저 도착한 학생들이 다음 강의를 위해 기습적으로 걸상들을 차지한다. 따라서 빨리 강의실을 비워 주지 않으면 쇄도하는 다음 강의의 청강생들에 의해 질식될 염려가 있다. 굼뜬 학생, 난청인 학생, 보충 정보나 상세 정보를 얻기 위해 감히 교수를 만나러 갈 용기를 내는 일부 대담한 학생들은 이 역시 날림으로 이루어지는 새로운 연극에 자리를 양보하기 위해 곧 쫓겨나고 만다.

모든 것이 마치 이과대학의 바칼로레아 시리즈 같은, 그리고 의과대학의 입학 학생 수 제한 같은 공식적 울타리를 설치할 수 없는 문과대학과 법과대학이 고의든 고의가 아니든 계단식 강의실의 냉랭한 분위기 속에서 진행되는 강의를, 실망을 안겨 주는 보충적 수단으로 그리고 학생들을 다수의 청중 속에 빠뜨림으로써 그들 자신의 '무가치함'의 느낌을 내면화하는 방법으로 사용하는 것처럼 진행되고 있다. 그럼에도 불구하고 빈약하게 계산된 자리와 공간에 매달리기에 충분한 자신감이나 자존심을 잃지 않는 사람들만이 살아남을 것이다.

아마 지도 활동은 이런 어림잡은 커뮤니케이션의 실패자들을 따라잡기 위해 고안됐을 것이다. 하지만 소위 '지도 활동'은 스승이 직접 하는 강의 형식 외 다른 것은 거의 허용하지 않는 관객들을 가질 뿐만 아니라, 강의와 지도 활동의 협조는 일부 예외를 빼면 부분적으로밖에 이루어지지 않고 있다. 특히 가장 무장을 덜 갖춘 DEUG의 학생들, 또 공부를 하지 않을 수 없는 처지이지만 지속적인 감독을 받지 않는 학생들, 그리고 도서관에 가고 보충 서적을 살 능력을 가장 적게 갖춘 학생들이 통제에 대항하기 위해 가진 것이라곤 이런 빈약한 식량밖에 없다.

독서를 반대하는 대학

학업 공간에서 가장 나쁜 배당을 받은 학과들을 위한 중요한 장소인 대학 도서관들의 가난은, 대학 생활을 위한 투쟁 준비가 가장 덜 된 대학생들을 받아들여야 하는 학과들의 토대의 취약함을 강화시킬 뿐이다. 1989년에 발행된 미켈 보고서 이후, 대학 도서관 상황에 관하여 상당수의 심각한 진단서들이 작성됐다.[20] 영국에서 문과 대학생은 3명당 하나, 이과 대학생은 4명당 하나, 공과 대학생은 5명당 하나의 좌석을 권고하고 있는 데 반해, 당시 프랑스 대학들은 학생 18명당 하나의 좌석을 확보하고 있었다! 7년 전부터 실질적인 노력이 시도됐다. 1989년부터 1992년 사이에 정부 보조금이 3배나 늘었고, 3백 개의 일자리가 만들어졌는데 이는 미켈 보고서의 목표의 50%에 달하는 수치이다. 도서 구입량이 27만 권에서 거의 50만 권으로 늘어났고(1987-91), 개방 시간은 연장됐으며, 학생들을 돕기 위한 보조 직원 1명이 임명됐다. 하지만 지체된 정도가 너무 커서 모집의 속도는 여전히 대학생 정원의 증가 속도에 미치지 못하고, 도서관 이용률은 훨씬 더 빨리 증가했다. 특히 기다림, 대부분의 서적에 대해 접근이 불가능한 것, 학생들의 자유 시간에 좌석의 포화 상태를 토대로 한 과거의 기능 방식이 새로운 방법의 나쁜 사용의 이유가 되고 있다.

전국 평균으로 볼 때 대학생의 55%만이 도서관에 등록했고, 그것은 학력과 학과에 따라 상당히 변동이 심했다. 조사에 응한 대학생의 43%가 하루도 빼놓지 않고 이용한다, 32%가 자주 이용한다고 했고, 25%에서 40%는 학과, 장소, 접근 여건 등의 이유로 별로 이용하지 않는다고 했다. 학생들은 도서관이 사람을 환영하는 장소가 되기를, 책들에 자유롭게 접근할 수 있게 되기를, 개방 시간이 연장되기를 희망했다. 이런 요구들은 경제적인 이유 또는 무관심 때문에 대개는 전도된 원칙에 의해 움직이는 대학 도서관들의 진상을 말해 주고 있다.[22]

반복적으로 발생하는 또 다른 문제는 예산 인상 방향을 유지하

---

21) 《대학의 도서관들》, 파리, 라 도퀴망타시옹 프랑세즈 발행, 1989년. D. 르노의 〈대학 도서관들의 개혁. 미켈 보고서 발간 3년 뒤〉, 《토론》지, 1992년 5-8월, 70호, 129-142쪽.

22) D. 르노(편찬)의 《대학의 도서관들》, 파리, 서적상 모임 출판사, 1994년, 122-128쪽.

기 위한 지속적인 노력의 필요성이다. 그런데 아다시피 1993년 이래 대학생 증가의 약화에의 편승과 엄정함을 내걸고 예산이 줄어들고 있다. 그리하여 우리는 공식 보고서의 우회적인 표현에서 에브리·마른라발레·생캉탱앙이블린 같은 신생 대학들은 여전히 도서관 **없이** 돌아가고 있다는 것을 발견하게 된다![23]

이 수치는 프랑스의 고등 교육이 아직도 어떤 거짓말에 의지하고 있다는 것을 증명한다. 우리는 대학생들이 독자적으로 공부하며, 스스로 책을 읽고, 특히 계단식 강의실이나 교수의 지도를 받는 연구를 위한 방에 앉아 있는 것 외 다른 일을 하기 위해 대학에 가기를 기대하지 않는다. 왜냐하면 만일 그 이상까지 가는 것이 의지·끈기, 어떤 희생을 치르더라도 배우고 싶다는 갈증이 있어야 가능한 것이라면, 우리는 그들이 최소한의 것에 만족하는 것을 비난할 수 없기 때문이다. 그것은 소수의 행위일 수밖에 없다. 즉 대학 도서관 안에서 사용할 수 있는 자리를 요구할 수 있는 다른 17명의 학생을 앞지르기 위해 아주 일찍 도착하는 소수, 발행 당시 돈이 없어서 구매되지 않은 책이나 잡지를 찾기 위해 여러 곳을 돌아다닐 수 있는 소수, 또는 등록과 도서관에서 나오는 세금에도 불구하고 단체가 획득하기를 소홀히 한 것을 자신의 주머닛 돈으로 지불할 수 있을 정도의 소수 말이다.

이런 소홀함은 분명 정치적·사회적 선택들 때문이다. **학업 공간과 만인이 접근할 수 있는 지적 자원의 부족은 프랑스 대학들이 실천하는 부끄러운 교육적 선택의 숨겨진 요인들 중의 하나이다.** 그것은 사회적·문화적 상속에 의해, 대다수를 위해 배급된 이런

---

23) CNE의 《신생 대학들에 관한 보고서》, 1996년 4월, 21쪽.

자원을 소유하는 사람들에게 혜택을 준다. 따라서 그것은 차별화된 실패율도 함축하지만 또한 각기 다른 학습 과정도 함축한다. 소수에게는 진정한 자기 교육에 접근하는 것이고, 다수에게는 오직 최소한의 비용으로만 접근할 수 있는 개론 또는 복사물의 문화 안에 격리되는 것이다.

교육적 무관심의 직접적인 원인들

장소, 학과, 교수의 유형, 학사 과정에 따라 상황이 천차만별이기는 하지만 프랑스 대학들은 대개 전적으로 불충분하고 불확실한 학업 환경을 제공하고 있다. 대개의 경우, 즉 학과별 배치 결정을 재정비하지 않은 파리나 대도시의 오래된 대학들에서는 사회학·문학·법학과 학생들은 여전히 공동 장소가 턱없이 부족하고, 사무실은 항상 나눠 써야 하며, 세미나실이나 작업실은 너무나 드물다. 포루 보고서는 이런 유형의 장소의 부족분이 24만 6천 평방미터에 달하는 것으로 추정하고 있다.[24] 총장과 수많은 행정 직원들에게 보장된 수단들과 공간은 항상 UFR과 교육적 활동에 속하는 것들보다 훨씬 질이 좋은 것으로 볼 때, 행정 조직에 우선권을 주는 것이 주요 원칙인 듯하다.

따라서 사적인 학습 공간과 강의실이라는 공적 공간으로 나뉘지 않은 대학 활동을 생각하는 것은 거의 불가능한 일이 됐다. 모든

---

24) 《학교를 위하여》, 파리, 칼망-레비, 라 도퀴망타시옹 프랑세즈, 1996년, 239쪽.

고등 교육의 교육법은 여전히 이런 상황에 의해 흔적을 남기며, 교수·학자·학생들 간의 모든 관계는 이런 선택들에 맞춰진 답변들로 이해될 수 있다. 그리고 많은 교원들의 **교육적 무관심**은 그런 선택들에도 상당 부분 책임이 있다.

최대 한도로 제한된 모임들은 소수의 적극적인 교수들만을 한자리에 모은다. 이런 모임들은 대개 모집된 회원들을 대상으로 하고, 매번 강도는 다르지만 강의와 지도 활동의 조정을 대상으로 하며, 그 목적은 계획과 업무 분배의 선택, 팀의 범주 안에서 변수를 가지고 새로운 연구 활동을 구성하기 위한 것인데 그것은 학과별 전통에 따라, 그리고 거기에 헌신하고 동원되는 개인들의 존재에 따라 이런 이미지에 상당한 변화를 주도록 강요할 것이다. 활동들의 분산 또는 개별화는 교수들의 활동 평가 방식에 의해 암암리에 격려된다. 승진 서류는 개인 연구에서 가장 멋진 부분이 되며, 눈에 덜 잘 띄는, 그리고 어쨌든 승진 서류보다 평가하기 힘든 교육적 참여들은 거의 완벽하게 무시한다. 연구수당 또는 교육수당의 제정은 상당수의 타락한 정원을 끌어들였다. 그리하여 다른 사람들에게 피해를 입히면서까지 연구수당을 향해 돌진하는 현상, 단체와 학과에 따른 분화가 생겼다.[25]

보수주의 또는 교육 본래의 의무 유기의 다른 두 가지 요인들은 문과대학들을 압박한다. 모집 경쟁시험 준비(그것의 결과는 일종의 인기 대학 명단의 토대로 사용된다)가 교원들의 시간 중에서 과도하

---

25) 상세한 수치가 나오는 도표를 보려면 J. ─M. 베르틀로의 《고등 교육의 교수 겸 연구자들: 직업적 소득과 활동 여건》(도퀴망 뒤 CERC, 105호, 1992년 3학기)을 참조하라.

게 큰 부분을 동원하며, 가장 선별되고 의욕 있는 학생들과 관계되는 것이 가치 있는 것처럼 느껴진다. 둘째로 제3기 과정의 정원 증가는 연구 지도교수들에게 요구되는 개입들을 증가시키고, 박사 학위 논문의 방향을 결정하는 세미나에서 집단 작업을 확장하는 결과를 초래했다. 그 시간만큼 다른 과정에 할당된 시간은 공제되었다. 외국 대학들의 모델을 보면 새로운 세대의 대학생들은 이 과정에 더 지속적이고 더 적극적인 교수 배치를 해줄 것을 요구하고, 심지어 석사 때부터 이것을 요구한다. 고상한 것으로 간주되는 이 과제는 가장 오래됐거나 가장 경험이 많은 교수들을 끌어들이지만, 그와 동시에 가치 부여가 덜 된 업무와 새내기 대학생들에게 헌신하는 교수들과의 단절을 강화한다. 그리고 그것이 그들의 사기 저하의 원인이 되고 있다.

사기 저하

　그리하여 교수들은 학생들의 수가 증가함에 따라 학생 1인당 투자 시간을 줄이게 되는데, 그렇게 하지 않으면 기재되지 않는 노동 시간이 무한히 증가할 우려가 있기 때문이다. 그런데 '2000년의 대학' 계획에도 불구하고 평균적인 배치율은 70년대초의 수준을 회복하지 못했다. 당시에는 교직자 한 사람이 가르쳐야 할 학생의 수가 20.8명이었는 데 반해, 1993년에는 24.7명으로 늘었고 학과별 격차도 상당히 컸다. 다시 말해 법과에서는 교직원 1인당 학생수가 55명이었고, 문과에서는 34.6명, 이과에서는 15.1명이었다. 대학들간의 지리적 차이를 고려한다면 그 격차는 훨씬 더 클 것이다. 아무튼 이런 비율로 볼 때 프랑스는 **유럽의 평균 기준보다 낮은 위치**를 점유하고 있다는 것을 기억하자. 하지만 프랑스는 자국의 교직자들에게 다른 나라와 똑같은 부차적 업무를 요구한다. 교육 단위들의 관리, 국제 활동, 개인적·집단적 연구. 많은 보고서에 의해 지적된 행정, 기술 직원에 의해 제공되는 도움의 불충분은 때로는 교수들의 자기 폭발을, 때로는 보장되는 직무와 거부되는 직무간의 도피 또는 공유를 초래한다. 그리고 그 때문에 모집률은 대학생 정원의 증가율을 미처 따라잡지 못했다. 교육적 배치는 학생들의 기대의 수와 의혹 자체 앞에서 하찮게 보이는 만큼 흔히 이런 선택 안에서 희생된다.

이미 중등 교육에서 가장 말 안 듣던 바칼로레아 합격자들이 추방된 분야들에서 법학·문학·인문학 바칼로레아 합격자들이 점점 더 많이 나오고 있다는 사실로 인해, 이 신입생들의 결함을 메우려고 노력한 교수들은 자신들이 작업 방법 면에서 훨씬 더 불리한 여건 속에서 그들의 선배들이 고등학교에서 실패한 일을 다시 하고 있다는 것을 깨달았다. 설령 이 열정이 어떤 경우에 성공한다 해도 신입생들이 그들이 선택한 학과들이 고등학교에서 필요에 의해 배운 것들이라는 사실을 발견할 때, 교수들은 그것이 그들 자신에게, 그리고 이미 그 지식을 소지한 학생들에게 시간과 능력의 낭비('종속화'라는 주제와 함께)라고 생각하지 않을 수 없다.

제안들

- 임무와 필요에 따라 대학 건물의 건축, 정비 정책을 결정하

는 것은 퍽 쉬운 일이다. 가장 만족스러운 국제 기준을 따르기만 하면 되는 것이다. 하지만 가장 큰 장벽은 물론 예산이다. 왜냐하면 건물 조정, 도서관 분야의 회복은 과거의 많은 보고서에 의해 계산된 거액이 들기 때문이다. 도서관 추가 부지 90만 평방미터, 도서관 사서 2천5백 명, 학생 1인당 가동 비용 6백 프랑이 드는 것이다.[26] 예산에 아무것도 추가하지 않고도 잘 할 수 있다고 생각할 수 있는 무형의 분야와는 달리 건물을 재고하고, 건축 구상을 이해시키며, 그것을 진정한 유사 교육법의 요구에 맞추고, 의욕이 넘치는 소수가 아닌 실제 대학생 전체에게 충분한 숫자의 책과 학습 도구를 제공하는 것은 장관의 매력적인 강연의 영역이 아니라 항구적으로 제공되는 예산상의 방침, 장소의 구성에 관한 집단 토론의 영역에 속한다.

• 교육적 개입은 **교육 단체들**을 둘러싼 교육 작업 전체의 개편(이것은 제1기 과정뿐만이 아니라 학사·석사·**DEA**를 위한 것이기도 하다)과 학생들의 배치에 효과적인 교육적 절차의 재정의(수업과 **TD**의 연결)를 전제로 한다.

• 대학들의 교육적 투자(배치, 학위 조립의 형태)는 보수와 경력에 고려돼야 한다. 그리고 반대로 교육적 의무(시간으로 계산된)는 학문적 성과에 따라 정의돼야 한다.

• 경력의 개념과 지역, 국가 기관에 의한 평가 방침은 이런 집단적 관점에 따라 재고려돼야 한다. 연구팀과 작업 계획의 개념은 아마도 교육적 투자와 지나친 서열의 가장 해로운 결과를 수정하게 해줄 것이다. 이것은 고등 교육에 꼭 필요한 일이기도 한데, 교

---

26) 《학교를 위하여》, 〈포루 보고서〉, 240쪽.

수들이 학자로 남을 수 있으려면 **교육 과제와 연구 과제를 동시적으로 재평가하면서도 그에 필요한 행정적 개입을 잊지 말아야 한다.** 따라서 이것은 의무와 자유를 양립시키는 것이며, 그것은 각기 다른 유형의 활동들이 오랜 세월 동안 연결된 모습 안에서 장기적으로 행해진 경력의 계산에 의해서만 가능하다. CNRS는 그런 식으로 그들의 교육적 참여의 보상을 받은 교수들을 더 많이 받아들이도록, 그리고 계획들에 다시 활력을 부여하고 대학의 단체들이 생각할 시간의 부족으로 삐걱거릴 때, 새로운 교육에 참여할 수 있는 학자들을 대학들이 체계적으로 보유하도록 권고받을 수 있다.

• 대학들을 학업 장소 이상의 살기 좋은 곳 또는 매력적인 곳으로 만들려면 유럽의 다른 나라들에서 하는 것처럼, 지나치게 자주 무시되거나 최소한의 비율로 축소되는 사교의 장소들을 철저하게 개발해야 한다. 학생들이 집단적 경험들(공동 작업, 공동으로 조직된 여가 활동, 단체 생활, 대학 생활 안의 투자)을 개발할 수 있으려면, 그들이 학교를 자기 집처럼 편하게 느껴야 한다. 오늘날 협소한 생명 공간, 너무 비좁게 지어지는 방들, 익명성은 이런 느낌의 발생을 불가능한 것으로 만들고 있다. 이런 느낌, 그리고 그것이 함축하는 물질적 여건이 따라 주지 않는다면, 프랑스에는 겉치레 대학들만 남게 될 것이다.

6

겉치레 대학들

60년대와 80년대에 나타난 대학들의 팽창으로 국토 전역으로의 시설 분산 현상도 함께 나타났다. 지방 분권과 유사한 절차에 의해 뒷받침되는 이런 분산은 흔히 대학인들의 문제에 대한 만병통치약처럼 소개된다. 어떤 기술주의적 담론(국토의 정비) 또는 지방주의적 담론('고향에서 공부하자')과 대면하여 지적·사회적 구속들의 무게를 상기해 볼 필요가 있다.

주요 대학, 포템킨 대학, 종속 대학

대학의 법적 지위는 매우 잡다한 시설 전체를 포함한다. 이상적인 형태의 양식 위에서, 우리는 여기서 (축구와의 유사함에 의해) '분할'된 서열에 따라 대학 세계를 묘사할 것이다.

서열의 정점에 존재하는 대학들을 앞으로 우리는 **주요 대학**(약자로 UM)이라고 부를 것이다. 이 대학들은 시설들간의 경쟁에 심혈을 기울인다. 이 대학들은 대학 공동체 안에서 탁월함의 전통적 표현들과 일치하며, 가장 유명한 외국의 시설들과도 경쟁할 수 있다.

이 첫번째 그룹 밑에, 우리가 '포템킨' 대학이라는 표현처럼 과장되지만 생생한 방식으로 지적할 대학들이 등장한다. 극단적인 경우, 이 대학들은 포템킨에 의해 지어진 그 '파사드[정면]'들과 흡사해서 많은 눈가림으로 피상적인 관찰자를 함정에 빠뜨릴 수 있다. 포템킨 대학(앞으로 UP라 부르겠다)은 결핍에 의해 정의된다. 이 대학은 UM과 같은 재원이 없다. 경쟁력 있는 실험실도 적고, 자리도 적으며, 학문적 자원과 전통도 적다. 그렇지만 우리는 UM과 UP을 지나치게 엄격히 구분하는 것은 잘못임을 알게 될 것이다. 그리고 정확성은 정의의 일부를 이룬다. 대학들은 대개 오래된 '단과대학들'에서 유래한 이질적인 것들의 집합체이므로, 학과들의 다양성은 각각의 학과들 안에 가치의 차이를 야기한다. 게다가 적어도 제2기 과정, 즉 DESS*까지는 UP가 학생들을 올바르게 교육하는 데 반드시 효과가 없는 것도 아니다.

결국 세번째 분할에서 우리는 1순위와 2순위 시설들의 분산 정책과 일치하는 시설들을 발견할 수 있는데, 그것이 항상 대학의 지위를 갖춘 것은 아니다. **종속 대학** 또는 분산된 학교는 대학 병합이라는 점에서 거의 식민지적 상황에 의해 정의된다. 이것은 많은 경우 중앙에서 교수된 강의를 되풀이하러 오는 본사의 교직자들에게 종속된다. 대개 이런 것은 교육적·행정적 단위이지 자율적인 연구 장소는 아니다.

주요 대학은 근본적으로 **발생론적 기준**에 의해 정의된다. 이 대학은 그가 수용하는 대부분의 학과들 안에서 재생산을 할 수 있다. 다시 말해 교수 겸 학자를 생산해 낼 수 있는 것이다. UP가 그럴 수 있는 경우는 거의 없다. 종속 대학은 그것을 생각할 수조차 없을 것이다. 두번째로 이 대학은 전례를 배가하는 **규모의 기준**에 의해 구별된다. 하지만 하나의 **UM**이 되기 위해서는 많은 정원을 모으는 것만으로는 충분하지 않다. 이것은 대부분의 학과에서 '비판적 다수'의 수준에 위치하는데, 그의 학생과 교직원 정원을(인과관계는 돌고 돈다) 관련 학과(들)의 **UFR**의 전국 평균 이상으로 위치시킨다. 그리고 이것은 연구수당의 모금과 분배의 가능성 위에서 허용하는 결과를 낳는다. 이런 점들은 결국 이 대학의 학생들의 **지리-인구 구조**에 관한 어떤 기준 안에 반영된다. 제1기부터 제3기 과정까지의 학생 대중의 구성을 나타내는 도표는 바닥은 지나치게 넓고 꼭대기는 좁은 피라미드형(**UP**의 전형적인)이 아니다. **DEA**의 크기와 박사학위 논문 준비자의 정원으로 인해 꼭대기 자체가 매우 넓은 장방형의 사다리꼴형이 피라미드형을 대체한다. 대학생들의 지리적 모집에 대한 분석은 하나의 **UM**에서 다른 대학구에서 바칼로레아를 취득한 4년차 이상 과정 등록자들의 퍼센티지가, 더 지역적인 모집에서 **UP**들의 등록자들의 퍼센티지보다 훨씬 더 높다는 것을 보여 준다.

연구팀들의 존재, 학생과 교직원 정원의 인구 비중의 존재가 결합된 효과는 **UM**에게 상당수의 **DEA**를 보장한다. 그리고 그들 자신도 박사학위 논문 준비자들을 위해 늘어난 연구수당을 받는다. 따라서 최고의 실력을 갖춘 박사들 중 상당수는 그 자리에서 조·부교수로 채용되어 결국 **UM**의 팀들 안에 들어가거나 또는——결국은 마찬가지인데——그것의 분산된 종속 대학이 존재할 경우 그 안에서 자신의 실험실 안에 머문 채로 행정적으로 영향을 받게 된다. **UM**이 모집하지 않는 박사들은 **UP**들 쪽으로 간다. 많은 경우 그들은 결국 그들의 출신 **UM**의 연구팀들의 가입자로 남거나, 일종의 불가피한 구속으로서 **UP**로 가는 경로를 경험하면서 인사 이동 또는 승진에 의해 **UM**으로의 본국 송환을 기다린다. 이런 도식이 **UP**에 배치된 모든 젊은 대학인들에게 해당되는 것은 아니다. 어떤 이들은 **UP**들 안에 있는 연구팀들을 쫓아내고, 어떤 이들은 **UP**들 안에 항구적으로 합류함으로써 그곳의 운영과 교육에 대부분의 에너지를 할애한다. 하지만 **UP**들의 큰 추세는 그들의 존재를 고집하는 것, 다시 말해 연구 분야에서 별로 유능하지 못한 대학들로 남는 것, '피라미드'형 대학 인구 구조에 의해 특징지어지는 것이다. **UP**들의 망이 확장됨에 따라 자리들, 가입 지점들의 '지층'도 확대되는데, 그 위에서 **UM**들은 경력 흐름의 관리자 역할을 하려는 경향이 있다. **UM**들은 거기에서 본국으로 송환하고 싶은 조·부교수들을 선발하고, 젊은 박사들을 그곳에 보내며, 필요한 경우 더 이상 그들의 팀에 합류시키고 싶지 않은 박사들을 그곳으로 귀양 보낸다.

포템킨 대학: **UM**의 정의가 **UP**의 정의를 결정하며, 그 정도로 이 두 가지 형태의 시설이 제도를 만든다. 일부 **UP**들이 정해진 학과의 정원 면에서 **UM**들과 경쟁할 수 있는 것은, **UP**들이 동료들과 큰 연구 기관들에 의해 인정받는 연구팀들 면에서 비판적 다수와 신뢰성을 획득하는 데 가장 큰 어려움을 겪기 때문이다. 그리고 하나의 **UP**가 하나 또는 여러 개의 학과에서 인정받기 시작할 때에도 그 **UP**의 팀들은 선험적으로 더 취약하고, 특히 흔히 파리에 위치하는 큰 **UM**의 실험실들에 의해 좋은 학자들의 유인이라는 보상을 끊임없이 받는 기업들에게 의존한다. 많은 지침들이 **포템킨 효과**를 측정할 수 있게 해줄 것이다. 하나의 대학이 포템킨 대학 성향이 클수록 젊은 조·부교수와 교수들의 **이직률**은 더 높아지고, 거주하지 않는 교원들이나 **UM**의 실험실에 가입한 교원들의 퍼센티지는 더 올라가며, **DEUG** 이후 그리고 더 심하게는 학

사 또는 석사 이후 UM으로의 이동을 꾀하는 학생들(특히 좋은 평점의 소지자들에게서)의 퍼센티지도 올라간다. 비대해진 제1기 과정과 함께 짓눌린 피라미드형의 대학생 인구 구조는 또 다른 지침을 형성한다.

종속 대학들은 하나의 자율적인 등급이라기보다는 하나의 과도적 기관, 또는 모(母)대학 내 대학생의 인구 과밀의 관리 도구이다. 대개의 경우(법학·경제학, 특히 AES*에서) 종속 대학들의 창설은 대학 발전을 예상하고 심사숙고된 계획보다는 평범하고 다급한 명령들에 부응한 것이 더 많았다. 교육성의 무관심이 7백 석 규모의 계단식 강의실에 1천6백 명의 학생을 수용할 것을 강요했을 때, 지방 공공 단체들과의 연합 전략을 사용하면서 새로운 바칼로레아 합격자 전원에게 거처를 마련해 주는 것이 그것이다. 따라서 종속 대학은 하나의 독창적인 시설이 아니라 하나의 용기로 구상된 것이다. 계단식 강의실, TD실, 제1기 과정의 선발 후에 본사 대학으로 가기로 예정된 학생들을 수용할 수 있는 도서관들. 종속 대학의 팀은 종속 대학 총장의 권한하에 대개 3명에서 5명의 핵심 직원과 학사 간부들로 한정된다. 종속 대학의 총장은 대개 현지의 교수 겸 학자 단체의 유일하고 항구적인 대표를 구성하는 대학인이자 경영인일 때가 많다. 나머지는 많은 경우 교육은 UM 또는 중앙 기관의 강의를 되풀이하는 UP 본사의 팀이 맡는다.[27] 종속 대학이 탄생한 것은 대개는 모순되는 이해 관계(피선자들 편에서는 '대학 도시'가 되는 것, 학장들을 위해서는 계단식 강의실을 뚫는 것, 일부 교수들을 위해서는 월급을 늘리는 것)간의 결탁의 산물로서, 복잡하고 모순되는 구속들과 기대들의 제도로부터 나온 어떤 방식의 희화된 예를 보여 주고 있다. 그 방식의 부득이한 해결책들은 결국 일시적인 것, 때로는 비합리적인 것을 제도화하고야 말았다.

모델의 한계와 목적

세 가지로 분할된 이 모델은 양식화된, 그러므로 현실을 축소하는 어떤 시각을 제공한다는 것을 기억하자. 특히 엄격한 이분법보다는 **연속체**라는 면에서 **UM/UP**의 대립을 많이 고려해야 한다. 여기 세워진 유형학은 실제로 대학들의 등급을 매긴다. 그런데 단과대학들(그 수는 얼마 되지 않는다)을 제외하고, 설립된 지 30년이 지난 뒤에도 프랑스 대학들의 상당수는 '단과대학,' UFR의 집합체로 남아 있다. 이름 높은 어떤 대학의 이미지는 그것의 일부 과들, 실험실들 또는 학과들의 성과에서 나오며, 성과 수준이 보잘것없는 다른 학과들을 동시에 통합할 수 있다. 반대로 **UP**의 주된 특징을 가진 대학은 어떤 팀이나 하나의 단과대학을 받아들여서 그것의 학문적 활력 또는 혁신적인 제3기 과정들을 관련된 정예 학과 안에 존재하게 할 수 있다. 어떤 보충 자료는 일부 **UM**이 무척이나 타성에 빠진 거대 관료 구조 특유의 병리학과 함께 엄청난 인원의 학생들과 직원들, 엄격함이라는 대가를 지불하고 성공을 얻

---

27) 이 또한 분산된 **DEUG**와 본교의 **DEUG**간의 평등과 교육적 일관성에 대한 무시하지 못할 보증이라는 것을 강조할 필요가 있는 상황이다. 식민지라는 은유로 인해 이런 상황이 '현지' 교수단 설립이라는, 비참할 때가 많은 경험들보다 훨씬 더 낫다는 것을 잊어서는 안 된다. 현지 교수단이란 이를테면 종속 대학의 법대 안에서 시민을 대상으로 한 법학 강좌가 은퇴한 변호사에게 맡겨지고, 공개 법학 강좌가 도청의 관리에게 맡겨지는 것을 말한다.

는다는 식의 단순화를 금하고 있다.

두번째로 UM/UP의 연결 방식은 **학과에 따라 상당히 다를 수 있다**. 여기서는 물리학 · 법학 · 스페인어에 동일한 기준들을 제시하는 중앙 행정부의 통상적인 오류들 가운데 하나를 반복하는 것을 피하는 편이 낫다. 일부 실험과학들에서, 흔치 않은 연구 시설들(입자 가속기를 생각해 볼 수 있다)의 설치 결정과 관련된 기준들은 여전히 대립을 격화시킬 수 있다.

세번째 완화물: UM과 UP의 분리는 UM에 의한 UP의 예속 논리를 비난하는 듯한 인상을 주었을지 모른다. 사실 사정은 더욱 복잡하다. 만일 고객주의와 학력 서열 제도의 논리들이 UM의 세력자들에게 UP에 영향을 끼칠 수 있는 수단들을 제공할 수 있다면(이를테면 모집 위원회 안에서), 우리는 최고의 경우든(학생들의 요구에 적응할 수 있는 능력) 또는 최악의 경우든(모집할 때 악화된 지역주의) UM에 대면한 UP의 시설에 대한 애국주의, 파리를 반대하는 생각들을 핑계삼은 해방과 방어 기제의 작용을 더 자주 목격하게 될 것이다.

UM/UP 관계의 모델은 대개의 경우 당연한 권리로 누리는 특혜들을 영속시키게 된다. 시세는 변동할지 모른다. 하지만 14세기로 거슬러 올라가는 경우를 제외하곤, 지난 40년 동안 명성을 잃은 UM은 많이 찾아볼 수 없을 것이다. UM으로 승격한 UP의 경우는 지극히 찾아보기 어려울 것이다. 그것이 훨씬 더 염려스러운 점이다. 60년대에 창설된 대학들 가운데 오늘날 UM의 지위에 오른 대학이 몇 개나 될까? 경영학에서 파리9 도핀대학, 그리고 공학 분야에서 콩피에뉴대학을 언급하고 나면 다른 2세대 대학들은 대부분의 경우 뛰어난 과들, 전공들을 내세울 수 있을 뿐이다.

대학 신설 정책들은 결국 UP들, 나아가 분산화의 경우엔 미완성된 UP들을 신설하는 결과를 가져올 뿐이다. **따라서 이같은 사실은 이런 시설의 빈도에 따른 지역적 분산 배치에 의해 배정된 대학생들에게는 불공평을 낳는다.** 이것은 강자들의 틀에서 노는 것으로 믿으면서 두번째 부문 팀들과 동등한 것에 한 번 이상 자금을 후원하고 있는 지역의 파트너들에게는 착각을 낳는다.

눈가림과 함정 효과

90년대말, 대학의 도입 없는 도(道)는 비정상으로 보인다. 동시에 대학 기관에서 가정과 젊은이들간의 관계는 크게 달라졌다. 제1세대 대학생들의 대부분은 이제 그들의 거주지와 가까운 대학의 '공급'을 기대하고 있다. '단과대학'은 생활 방식에서 하나의 단절로 인식되기보다는 고등학교의 연장으로 인식된다.

대학 정책들과 설치된 지역의 선택들의 중요성을 재평가한 것은 결국 그들의 유권자들과의 타협의 논리 안에 항상 더 연루되는 지방의 의원들이다. IUT의 하나의 과나 한 '종속 대학'의 획득은 구성원을 정착시키고 물질적 손실로 경험된 것에 대한 판결 행위를 상징으로 나타내기 위한 중요한 목적이 된다. 하지만 이제 지역의 의원들에 의해 그들 도시의 대학 발전과 인구 밀집에 부여되는 특권적 관심은 모호함이 없지 않다. 우리는 흔히 바칼로레아이후의 교육 시설과 대학을 혼동한다. 사회적으로 쉽게 눈에 띄는 연구(생물학·물리학·화학)가 흔히 출자 비용으로 인해 공간의 분산 배치가 용이하지 않은 학문들의 UFR과 결합돼 있기 때문에 그런 일은 그만큼 더 쉽게 벌어진다. 대학망의 밀집화가 오래된 법과 · 문과 · 경제학과 대학들, 나아가 IUT를 거치는 이상, 이들 시설들 안에서의 연구의 위치는 물론 **하물며** 연구의 사회적 효용에 대한 믿음도 의원들을 위한 명백한 전제 조건들은 아니다.

모든 중간 규모의 도시 안에서 대학 시설들의 분산 이주 정책은 특히 교육비(특히 집세) 면에서 대학생들과 그들의 가족들에게 부인할 수 없는 특혜들을 내포하는 것이 분명하다. 제1기 과정의 도서관 안에 앉는 것, 거기서 사람들이 탐내는 사전 같은 책을 발견하는 것만큼이나 기본적인 하나의 가능성이 특히 지방 공공 단체들의 재정적 개입 덕에, '분산된' 수많은 제1기 과정자들의 성공의 기회가 된다. 통계는 대학 전통이 없는 가정 출신의 많은 젊은 이들이 실제로 대학 공부를 시작하는 것을 보여 주고 있다. 그런데 그 대학 공부는 만일 단과대학이 그들의 집으로부터 2백 킬로미터 떨어진 곳에 있었다면 경제적인 이유나 상징적인 이유 때문에 이루어지지 못했을 것이다.

하지만 이런 특혜들은 주된 단점들과 겹친다. 가장 해로운 메커니즘은 이론상 중간 크기의 도시에서 더 축소된 채 거짓 소명을 불러일으키는 공급 논리의 결과들 속에 존재한다. 독점 또는 과점 상태에 마구잡이식의 배치는 자유를 빼앗기고 동기를 잃은 고객들을 회유한다. 법학 · 경제학 · 역사학, AES 또는 심리학 DEUG의 지역적 출자를 위한 최소한의 비용을 고려할 때,[28] 가장 전통적

---

28) DEUG 과정에 있는 대학생 한 사람에게 비용이 1년에 평균 3만 2천 프랑이고, IUT의 대학생 한 사람에게는 5만 2천 프랑, 특수대학 준비반의 한 학생에게는 7만 프랑의 비용이 든다.

인 배치를 요구하는 교육이 하위 배치자들 때문에 그만큼 비싸지는 않은 이 과정들 안에 자리를 잡기 위한 준비가 덜 돼 있는, 서민 대중으로 이루어진 신입생들을 끌어들이기 위하여 모든 조건이 결집된다.

지방 분권의 눈가림으로부터 탈출하기 위해 많은 제안들이 만들어졌다. 특히 우리는 국가에 의해 고취된 소위 '대학 콜레주'라고 하는 시나리오를 수 차례 언급한 바 있다. 다른 교육 제도의 특수성과 관련 있는 어떤 구조의 맹목적인 적용을 격찬하지 않더라도 거기에 몇 가지 전제 조건들을 덧붙인다는 조건으로, 여기서 언급된 모순들 가운데 최소한 몇 가지를 극복할 수 있게 해줄 거라고 생각할 수는 있다. 그것은 대학들 안에서 그것들을 유지하면서, 제1기 과정에게 명백하게 '획득된' 지위를 주는 것이리라.

전권을 누리는 대학들의 신설은 관료주의적인 괴물(하나의 기준을 제시하자면 등록자 수가 2만 5천 명이 넘는)이 돼 버린 시설들의 혼잡을 완화시키는 것에 국한된 예외적인 것이 되어야 할 것이며, 이런 경우 재분할은 신설 대학들에게 주요 학과들(보건학·실험과학·사회과학 등)이라는 인상을 주는 것을 목적으로 삼아야지 완전한 한 벌의 모든 학과를 소유하는 시설들을 증가시키는 것을 목적으로 삼아서는 안 될 것이다. 그렇게 되면 학과들이 너무 세분되어 학문적 진행 상태를 벗어나게 되기 때문이다. 반대로 중간 규모 도시들 내부의 제1기 과정들의 존재에 대한 조직적인 구성은 부인할 수 없는 특혜들을 내포하는데, 이에 관해서는 이미 언급한 바 있다.

이런 '콜레주' 시나리오는 기존 대학들에게 기본 단위의 지위를 마련해 주고, 그들의 제1기 과정자들을 중간 크기의 도시들로

퍼져 나가게 하는 것이다. 이런 도식들은 지방(또는 하위 지방)의 공간 안에 하나의 중심/주변의 모델을 구성하는데, 그것은 제1기 과정/제2기와 3기 과정의 구분과 겹친다. 그것은 특별한 행정 방식을 수반할 수도 있다. (이사회 안에 관계자들과 지방 의원들의 제도화된 참가? 제1기 과정의 **UFR**의 특별한 지위?)

'대학 콜레주'의 모든 창설 또는 자격 취득에는 명확한 보장들이 동반돼야 할 것이다.

• 모든 지역에서의 교육 과정의 다원성(IUT, DEUG), 또는 현장에서 그들이 선택한 과정을 발견하지 못한 바칼로레아 합격자들의 공간적인 이동성을 도와 주는 재정적 수단의 제공(기숙사촌, 장학금)을 보장하는 규칙들을 정한다.

• 이 콜레주에 진짜 대학인들을 배치한다. 중등 교육의 교수 자격자들이 이 콜레주의 교수단에 들어가려면 세 가지 조건에 따라야 한다. 대학인들의 탈퇴를 피할 것, 이 교원들을 지배적 과정이 아닌 분야에 우선적으로 활용할 것, 이러한 고등 교육의 '조교들'에게 박사학위 논문을 마칠 수 있는 여건들을 제공할 것. 그것은 이 연구의 실질적인 진행에 의해 좌우되는, 그들의 규정상 업무의 경감을 전제로 한다. (3장을 보라.)

• 마지막으로 이 콜레주에게 금전적 수단과 교육 개혁의 자율성을 줌으로써 DEUG들의 개혁 경험들 중에서 가장 성공적인 것들을 일반화할 수 있게 한다. 이런 대가를 치러야만 그들은 제1기 과정의 실패에 대항한 투쟁에 기여할 수 있고, 분산된 선발 기계들이 되지 않을 수 있다. 이 점을 무시하는 것은 제1기 과정에서 현재 제명된 자들이 교육자가 되고 전문가가 되는 전략적인 문제를 방치하는 행위가 될 것이다.

이런 선택은 눈가림을 탈피하기 위한 세 가지 전제 조건도 함께 내포한다. 첫번째 조건은 프랑스 대학 제도의 **읽기 쉬움**이다. 단체와 명칭의 급증은 불투명성과 불평등의 한 요소이다. 왜냐하면 이 과정들의 올바른 사용은 가정들과 젊은이들 사이에 매우 불공평하게 분배된 어떤 능력의 형태를 전제로 하기 때문이다. 국토 공간상에서의 단체의 결합 전략을 구상하기 전에 대문자에 의한 약호들의 정글 안에서 바칼로레아 합격자들의 진로 결정 능력을 고려하여, 그것들을 젊은 대학생들이 운영할 수 있게 하는 것이 적합할 것이다. 그것은 읽을 수 있는 가치, 고등학교 때부터 더 분명하게 명시된 가치와 어떤 유형의 과정의 모든 선택을 향한 분명하고 구속력 있는 화살표들의 제한된 수로 단체들을 압축하는 것을 전제로 한다.

읽기 쉽다는 것은 **투명성**, 대학 시설들의 **성과와 관련된 공개성에 대한 관심**에 다시 힘을 실어 주는 것이다. 국립평가위원회의 창설은 이 방향으로의 일보 전진을 의미한다. 비록 이 기관이 자신의 목적에 관한 수단은 갖고 있지 못하지만. 이런 진보의 가장 합의된 방식은 이 문제를 전공한 학자들에 의해 최대한 엄격하게 만들어진 성과에 대한 지침 전체를 접근 가능한 것으로 만드는 것이리라. 그것은 CNE의 보고서들의 '일반 대중' 판, 표준화되고 많은 이들이 접근할 수 있는 연감이 될 수 있다. 거기에서 실험실과 시설들은 객관적인 지침들(박사학위 논문, 출판, 토론회, 교환 학생, 학위 소지자들의 적응에 관한 자료들)의 토대 위에서 그들의 활동의 대차 대조표를 제공할 수 있을 것이다. 학생조합들은 가장 효율적인 교육적 경험들에 관한 '안내자들'을 생산하기 위하여 지역 전체에 퍼져 있는 그들의 존재를 이용하여 유용한 성과를 올릴 것이다. 이런 과정들의 목적은 학생들과 그들의 가족들에게 대학 제도 안에서 진로를 결정할 수 있는 수단을 제공하는 것이 될 것이다. 그것은 또 엉뚱할 때가 많은 주간지들의 인기 대학 순위보다 더 신뢰할 수 있는 평가 도구들을 전공 기자들이나 교육 문제에 관심을 쏟는 잡지들에게 맡길 수 있게 할 것이다.

공개와 읽기 쉬움이라는 이상의 이런 명예 회복은 더욱 신속하고 분명하게 그들의 직업적 동화, 고용 분야에서 더 많이 '감당하는' 분야들에 관한 지침을 제공하기 위해 **학위를 소지한 구성원들이 추구하는 수단들의 지수의 강화**도 통과해야 한다. 이런 장치는 직업 계획에 따라 대학생들로 하여금 더 현실적인 진로 결정을 할 수 있게 해줄 것이다. 이것은 대학들이 교육 과정의 지지를 획득하는 것을 도와 줄 것이다. 대학 생활에 대한 국가적 관찰자와 여러 대학 내의 지역적 관찰자의 신설은 이 분야에서 추구해야 할 길을 제시하는 솔선수범적인 제안들이다.

'분할' 운동에 관한 은유로 귀착하게 하는 세번째 전제 조건은 **대학들간의 타성에 젖은 분류를 반대하는 투쟁 장치들**에 관한 연구를 거친다. 분명히 이것은 동시에 일정 기간 동안 좋은 성과를 거둔 어떤 대학이 이 성공으로부터 당연한 특권을 짜내는 것을 피하는 일이기도 하다. 설사 그 대학의 실험실이나 학위가 하향길에 있다 해도 이 특권은 그 대학으로 하여금 계속 명성을 누리게 해준다. 반대로 경쟁력 있는 'UP'는 UM의 선두 그룹에 지속적으로 통합할 수 있는 인적·재정적 수단들을 갖고 있어야 하며, 그들의 성공은 하나의 명성을 구성하는 데 기여하는 공개성을 받아들여야 한다.

그에게 주어질 평가 정책과 반향은 이런 역학에 기여할 것이다.

정보의 미덕만으로는 충분치 않을 것이다. 따라서 평가에 관한 대차 대조표는 수단의 부여에 관한 의지주의적인 정책을 조종해야 할 것이다…… 신생 대학이나 상승세인 UP들로 말하면, 보상적 특혜들(이를테면 교육과 학문의 문턱을 뛰어넘은 시설에 더 유리한 교육 시설 비율을 적용하는 것)은 그것들을 더 매력적으로 만들기에 적합하다. 신중히 고려된 분산화는 뚜렷하고 현실적인 계획들에 따라 CNRS 학자들 다수의 임명 또는 UP들 위에서의 연구 수단들도 거친다.

제안들

네 가지 원칙이 대학의 분산이라는 제안들에 부과되는 구속들을 정의할 수 있을 것이다.

지역에 따른 대학 정책 조종술을 거부한다

학위의 유형들에 대한 정의, 그것들의 부여, 학생들의 흐름을 조절하는 정책들, 평가, 고용과 건축비 대부분에 대한 출자, 경력 관리는 당장은 국가가 맡을 수밖에 없다.

이런 판단은 오늘날 프랑스에서 지방 의회의 지위, 위치, 선출 방식[29]이 그것에게 확고하고 분명한 선택의 논리를 합리적으로 보

---

29) 지방 의원들이 도 의원들의 명단을 토대로 선출됐다는 것, 그리고 그것은 현재 지방의 본질에 흔적을 남기고 있는 흥정의 공간이라는 특성을 잘 드러내고 있다는 것을 상기하자.

장하는 정책들을 규정할 가능성을 주지 않는다는 것을 법적으로 인정하는 것이다. 그것은 본질(랜더(Länder) 같은)과의 모든 비교라는 지나친 특성을 바탕으로 하는데, 그 본질의 재정적 인구의 비중은 지방 수준에서 다른 정책의 가능성들을 야기한다. 독일에서도 통일과 화폐 통합으로 발생한 예산의 위기로 인해 몇몇 지방은 모든 학과에서 고르게 경쟁력 있는 대학들의 망을 발전시키는 것을 방해받고 있다. 재원 면에서 독일보다 훨씬 더 불평등한 지방들이 많은 프랑스는 독일의 많은 대학인들이 그들 스스로 엄격함을 한탄한 어떤 모델을 흉내내는 꼴불견을 보이게 될지 모른다.

우리가 대학 정책의 지방 분권화를 거부하는 것은 결국 대학 기능(특히 제1기 과정)의 가장 분쟁을 일으키는 문제들, 가장 미묘한 문제들을 지방과 도시에 전사한다는 내용의, 분산에 관한 수많은 제안들(로랑 보고서의 제안들 같은)[30]의 통합적 특성 때문이다. 당시 그것들은 '근접성'이 없어서가 아니라 방법과 분명한 정책들의 선택이 없어서 극복될 수 없었다. 까다로운 문제들의 누전으로 생각되는 분산은 성공할 수 없다.

반대로 '2000년의 대학' 계획에 대한 지방 자치 단체들(도시·지구·도·지방)의 참여, 의원들에 의해 대학의 서류에 기재된 꾸준한 이익은 대학 정책들의 일부 측면에 대한 통제가 아닌 감독권을 그들로부터 인정받아야 한다는 것을 증명한다.

지방 대학의 협상 장소를 만든다

---

30) ARESER가 《리베라시옹》(1995년 2월 16일자, 6쪽)의 한 텍스트에서 분석한 내용이다.

국가적 차원에 의해 유지된 권한의 한도 내에서(그리고 에라스 무스 프로그램이나 템푸스 프로그램의 기능에 의해 강조된 유럽 화합 명령의 한도——그리고 이것은 증가할 것이다——내에서. 7장을 보라), 대학 발전을 조정하고 원조할 수 있는 능력은 지역 또는 지역 집단 수준에서 제자리를 찾는다. 따라서 그것을 어떤 장치 안에 구속시켜서 예산의 분산 정책들이나 지방 차원의 선택들 집합의 연장을 '불가능하게' 만드는 것이 중요하다.

따라서 몇 가지 간단한 규칙들은 적어도 앞서 확인된 결함들의 일부를 피할 수 있는 합법적이고 규정에 맞는 틀을 제공할 수 있을 것이다.

'종속 대학'의 경우 학위의 취득과 국가 예산상의 교육비 출자는 학생 정원과 과정의 다양성으로 정의된 최소한의 교육적 제공에 관한 같은 지역상의 모임에서 결정될 수도 있다. 이를테면 박사학위 이후(STS*도 포함하여)의 신분에 있는 3천 명이 안 되는 젊은이들에 관한 계획과, 5년의 전개 이후의 제1기 과정과는 다른 4년 이하의 공급 계획에 대한 승인은 내려지지 않는다.

전권을 가진 대학과는 다른 지역에 대학 과정을 신설하고 확장하는 것은 대학생들의 주거, 문화 시설(영화관, MJC), 도서관, 망들의 연결과 그 지역에 관한 데이터 뱅크 면에서 많은 요구들을 동반한다. 정부의 후원 장치는 가장 낙후된 지방과 지역들에게 유리한 보상을 약속해야 할 것이다.

구속력을 갖는 규칙들은 교수단 구성에도 영향을 미쳐야 하지만 '지방' 교수단 모집, 교원과 시험 주제 면에서 모대학과의 일치, 또는 제1기 과정에서 수행된 업무의 부피를 가진 다양한 단체의 제1등급에 접근하는 것을 결정하는 승진의 규칙들에 영향을 미쳐서는 안 된다.

전권을 가진 대학의 지위를 갖는 지역들 밖에서는 제2기 과정의 신설이 절대로 받아들여져서는 안 된다. 새로운 대학의 창설은 큰 시설의 '혼잡 완화'의 필요성과 결부되고, 연구팀들이 분산하는 경우나 큰 연구 기관들에 의한 막대한 예산 지원을 가지고 분명한 계획들 위에서 팀을 신설하는 경우에 결정되는 예외적인 것이 돼야 할 것이다. 보상 제도는 국가의 개입에 의해 일부 지방이나 도시의 재정적 취약성을 완화시켜 줄 수 있어야 할 것이다.

지방의 실험적 정책

이것은 가장 분쟁을 일으키는 점이다. 만일 IUT와 STS를 거치는 학생들의 흐름을 합리화한 이후에도 여전히 제1기 과정자들이 대학에서 가장 위기에 처한 부분으로 남을 것으로 간주된다면, 취해야 할 제안들의 형태와 내용에 대한 의문이 제기된다.

지방의(또는 지방들간의) 공간이 지방의 경제 요인들에 의해 표현되는 자격 요구들에 맞는 교육 계획들을 연결하는 데 적합한 규모를 형성한다는 논거는 학위 신설 면에서 한 가지 형태의 자율성을 정당화할 수 있다.[31] 기업들 · 대학들 · 지방 공공 단체들의 대변인들간의 협의 절차는 자격 부여, 출자 계획의 간격을 확인하는 데 기여할 수 있다. 그런 방식의 위험은 명백하다. 국가적 고용 시장에 문을 열지 않는 순전히 지역적인 학위의 신설, 몇몇 분야의

---

31) 그것이 경제적 위기의 기원에 있지 않은 것과 마찬가지로 대학이 존재하지 않는 일자리를 만들어 낼 수는 없다. 이는 여기 언급된 제안들이 경제적 토대의 붕괴 과정에 직면한 지방의 문제들을 감쪽같이 해결해 줄 수는 없다는 뜻이다.

변화에 따라 신속하게 폐지되는 자격은 IUT와 STS의 공급에 의해 이미 충족되고 있는 전문가들을 뽑기 위해 최소한의 교육 수준과 보수 수준을 허용하는 학위들의 부상을 초래할 우려가 있다. 제1기 과정의 조난자들의 탁아소가 되기 위해 마련된 교육적 주차장은 언급하지 않더라도 말이다.

특별한 고용 방식에 적합한 과정들을 지방에서 실시한다는 현실적인 가능성을 양립시키기 위해, 해당 학생들에 대한 자격의 보장과 함께 배치와 관련된 몇 가지 조처가 절실히 요구된다.

• **지방 학위들은 안 된다.** 대신 지금보다 더 높게 언급된 표준화된 '가치'(STS, DUT 유형의 바칼로레아 합격 이후 2년) 위에서, 국가적으로 인정된 학위들의 범주 안에서, 지역 규모에서 학위를 신설하고 개혁할 수 있는 가능성을 부여해야 한다.

• **신속한 평가 원칙들**을 지역 수준에 적응시키는 것. 이것은 필요한 경우 고용 시장의 변화, 그들의 교육적 자질에 대한 감독에 따라 완전한 폐쇄 또는 재정의를 허용한다.

• 지역 차원의 모든 정당한 교육 안에 대학생에게 **일반 교육과 적응 교육**을 제공하는 교육의 최소 퍼센티지(35%?)의 의무적인 존재. 고용 시장의 유동성에 대한 고려는 기업들이 장기적인 예상을 하는 것이 어렵다는 점을 인정한다는 것을 내포한다. 그렇기 때문에 대학생들의 이익(그것은 장기적으로 보아 기업의 이익이기도 하다)은 전환 수단, 사회 변화에 대한 적응 수단을 갖추는 데 있고, 그것은 그들에게 기업들의 필요가 임박한 상태에서 목적화된, 오직 실용적인 용도만의 교육을 제공할 수 있다. 따라서 모든 학위는 일반 교육의 큰 부분, 즉 거시 사회적 메커니즘에 대한 분석, 외국어, 기술 지식(정보과학 등)을 내포해야 할 것이다.

재분류를 권장하기

대학 서열의 유동성을 권장하는 장치들을 개발해야 한다. 이것은 절대 완전해지지 않을 것이다. 그 대신 시설들의 역학 안에서 모든 경직화를 예고하는 것, 점수를 따는 UP들을 격려하는 것이 중요하다.

부정적으로는 평가 정책들과 진단 유포 정책들은 더 신속하고 더 현실적인 처벌 제도로 나타날 수 있어야 한다. 한 학과가 UM 안에서 몰락할 때 '경고하는' 절차들, 자격의 박탈, 계획 수정의 요구들은 교육성과 큰 연구 기관들에 의해 더 강하게 표명될 수 있어야 한다.

긍정적으로는 전체적 또는 분야별 성과가 성공을 기록하는 모든 UP는 자리, 예산, 연구 수단, 자격 취득의 형태를 띤 확실한 격려를 신속하게 받아들일 수 있어야 한다.

일반적으로 여러 가지 기준을 가진 평가 제도는 학문적 · 교육적 성과에 따라 시설들의 예산 할당을 조정할 수 있어야 한다. 이것은 지역들간의 재정적 불평등뿐 아니라 문화적 불평등을 고려하는 변수들을 이런 다양화된 지지 속에 통합시킴으로써 이루어진다.

7

보편에 반대하는 대학?

만일 고등 교육의 프랑스적 특성이 사회적·지적 변화를 어렵게 만드는 핸디캡이 되는 분야가 있다면, 그것은 물론 대학의 국제적 개방 문제일 것이다. 유럽 차원에서와 마찬가지로 프랑스 차원에서도 교환 학생 프로그램은 존재하며, 프랑스는 자국의 대학생 수에 비해 가장 많은 외국의 대학생들을 받아들이는 나라들 가운데 하나이다. 반대로 수많은 프랑스 대학생들은 유럽의 프로그램들을 이용하기를 원하고 있다. 그리고 그렇게 한 학생들은 프랑스 대학들의 빈곤과 결함들을 확신하며 돌아온다. 마찬가지로 일련의 모든 절차가 교수 교환을 허용하고 있지만 학과에 따라, 지적 시장의 국제화 정도에 따라 큰 격차를 보이고 있다.

하지만 미래의 도전은 대학 공동체 구성원들의 이런 일시적인 순환을 훨씬 뛰어넘게 될 것이다. 우선 고등 교육의 자리에 지원하는 유럽 다른 나라 박사들 수의 증가가 있다. 이것은 유럽의 권리의 새로운 배치에 의해 조장되고 있다. 프랑스 교원 단체가 흔히 취직자리에 비해 지원자 초과인 상황에서 프랑스의 젊은 박사들을 보호하기 위해, 혹은 더 엉큼하게 경쟁을 피하기 위해 일부 표준 자격들의 결여를 외국인들이 당연히 접근할 수 없는 교수자 격시험처럼 작용하게 하는 등, 상당히 변덕스런 호감을 가지고 그들을 맞는다는 것은 널리 알려진 사실이다. 상황이 안 좋다 보니 유럽의 모든 대학 공동체들은 이런 방어적인 생각들에 감동받고 있다. 그렇지만 역사에서 볼 때 대학의 지적 또는 교육적 자질은 항상 외부에 대한 개방에 따라 결정됐다는 것을 기억해야 한다.

이런 방어적인 생각들을 그대로 내버려두는 것은 시설들, 학과들, 국제 경쟁을 많든 적든 부담할 수 있는 교수들과 학생들의 계층 간의 차이를 불가피하게 믿도록 내버려두는 것이다. 머지않아 프랑스 고등 교육의 다양한 이원성은 국제적 차원에서도 시설들, 학과들, 교수와 학생들 간의 결정적인 중간 휴지점이 될 것이다. 그리고 선별되지 않은 다수는 지방의 폐쇄와 그 학위들의 평가절하를 부를 것이다.

이런 단절을 줄이려는 우리의 배려는, 고등 교육 시설들에 의해 생산되고 전달되는 문화의 다양한 측면들은 그것들의 사회적·지적 가치를 지키지 못할 것이라는, 그리고 대학 구조의 변화가 이런 국제적 차원을 고려할 때에만 교수와 학생들을 가까운 몇십 년 동안 일어날 변화에 맞서 싸울 수 있도록 무장시킬 수 있는 긍정적인 효과들을 생산할 거라는 확신에서 나온 것이다. 한편 국제 개방의 유일한 이득을 이미 학업 조건, 경력 전망, 사회적 지적 관계 면에서 모든 특혜를 갖추고 있는 소수의 엘리트들에게 넘겨 준다는 것은 오늘날 너무 많이 벌어지고 있는 현상처럼, 고등 교육을 열게 하는 기능들의 국제화가 과거에 그랬던 것처럼 가장 높은 자리에 한정되지 않는다는 것, 모든 유형의 과정들이 거기서 대면하게 되리라는 것을 망각하는 일이다. 총체적으로 프랑스의 고등 교육은 더 경쟁력 있는 고등 교육을 가진 다른 나라들이 설령 언어 면에서 그칠지라도 그 분야에서 자국의 학생들을 이미 잘 무장시키고 있는 만큼 이러한 개방에 더 잘 적응해야 할 것이다.

학생들의 준비의 취약함

외국에 대한 고등 교육의 이러한 개방에 대한 전제 조건은 사실 언어의 구사이다. 이것은 중등 교육 안에서 크게 향상했고(단 가장 많이 유통되는 언어인 영어를 거의 독점적으로 위하고 다른 유럽 언어들은 희생시키면서), DEUG 수준의 교육은 학습의 속행을 계획하고 있다. 반대로 제2기와 제3기 과정에서는 포기 현상이 가장 많이 발생한다. 그렇지만 어떤 국제적인 코스가 가장 유리한 방식으로 자리를 차지할 수 있는 것도 이때이다. CNE[32]의 한 보고서에 따르면, 우리는 바칼로레아 이후에는 이미 습득한 언어 수준의 최소의 유지 또는 초보자들을 위한 간단한 기초 지식에 만족하는 경우가 너무 많다. 대학생들의 초과 정원, 정교수들의 부족(이것이 프리랜서나 외부 개입자에 대한 의지가 가장 현저하게 나타나는 분야들 가운데 하나이다), 현대적인 시설(실험실)의 부족은 학문적 요구와 이전의 경험에 따라 목표로 정해지는 깊이 있는 연구를 방해한다. 영어의 지배는 여전히 강화되고 있고, 그것은 이런 학습을 가장 많이 염려하는 외국어들(학문들)과 본질적으로 실리적인 관계를 유지하는 것들이 가장 전문화된 과정들(법학)이라는 사실과 관련이 있다. 역설적으로 지적인 면에서 언어들과 가장 가

---

32) CNE, 《대학의 변화, 평가의 역동성. 공화국 대통령에게 드리는 보고서 1985-1995》, 도퀴망타시옹 프랑세즈 출판사 발행, 1995년, 60-62쪽.

까운 과정들(고전·역사학·철학·인문과학) 안에서 주요 학과와 언어적 지식의 유지 간의 관계는 대개 무시된다. 그것이 프랑스에서 극소수의 대학생들만이 외국의 직접적인 문제 제기나 도서들에 관심을 가지는 학과들이 폐쇄되는 현상에 한몫을 하고 있다. 외국 서적 구매 면에서 프랑스 도서관들의 누락은 사서들의 피할 수 없는 반대를 내걸고 이런 반응을 더욱 강화하며, 그것은 악순환을 낳고 있다. 대학생들이 그 언어를 모르기 때문에 읽지도 않을 외국 서적들을 무엇 때문에 구입하겠는가?

언어 교육 면에서 프랑스 대학들은 1968년에 행해진 학과들의 재단 같은 돌발 사태도 흔히 치르고 있다. 미약하게 다양화된 대학들은 필요에 따라 언어와 관련된 과들을 만들어야 했는데, 그것이 때로는 이웃한 대학(때로는 경쟁 대학)의 전 과정을 설치한 언어의 UFR의 활용보다 더 효과적이고, 그것들이 충당하는 문학적·문화적 사명을 희생시키고 실리적인 방식에서 도구화될까 봐 염려할 필요도 없다. 하지만 이런 적절한 해결책은 적잖은 재정적·학문적 비용을 초래하는데, 왜냐하면 자기 자신의 토대 위에서 만들어졌거나 국가에 요구된 자리들이 통상적인 학과들의 자리를 희생시키기 때문이다. 특히 그것들은 여기서도 역시 지배 언어에 특권을 주는 경향이 있고, 그렇기 때문에 우리는 특정 언어에 대한 이런 투자의 수익성을 보장할 교수들과 고객들을 확보할 자신이 있다.

국가적 구조의 저항

19세기부터 프랑스의 중등 교육과 고등 교육에서 외국어가 지배하는 위치와 결부된 이런 봉쇄에, 대학 구조 자체에서 기인하는 국제화에 대한 제동들이 추가된다.

첫번째 제동은 지난 25년을 특징지은 학위들의 팽창이다. 자격 분야에서 이런 특징은 외국과의 교환 학생 프로그램 주최자들의 일을 용이하지 않게 만들거나, 이제 막 시작하는 프랑스 출신 지원자들의 의욕을 꺾을 수 있다. 유럽 프로그램은 유사한 학위들간의 누가할 수 있는 학점 규칙에 의해 유럽 국가들간의 이질적인 코스라는 장벽을 뚫었다. 이런 절차는 대학의 과거에 따라 어림잡은 등가물(영국의 **마스터**, 프랑스의 학사, 독일의 **마지스터**, 이탈리아의 **라우레아**, 석사, 박사 등)을 발견할 수 있는, 대학의 가장 오랜 전통에서 유래한 학위들의 경우 쉽게 효력을 미칠 수 있다. 이보다 훨씬 더 전문화된 신설 학위들의 경우 이것은 더 불확실해지고, 때로는 이중으로 속박되고 따라서 비용이 많이 드는, 소수에게 국한된 코스를 함축하며, 때로는 외국에서의 교육의 포기 또는 가장 높은 수준에서, 따라서 이것 역시 소수에게 국한된 학업의 연기를 함축한다.

외국에서의 학업에 대한 두번째 장벽은 국가 전통 위에서, 특히 폐쇄된 일부 전통적인 학과들 안에서 벌어지는 **경쟁시험에 대한 맹목적인 숭배**와 그것이 차지하는 비중이다. 이 경쟁시험들, 특히 교육과 관련된 경쟁시험은 그것들의 프로그램에 의해 대학인들이 원하건 원하지 않건 공적 기능이나 프랑스의 교수직에 적합한 전문적인 의견들과 결부된, 따라서 국가적 색채가 강한 하나의 외부적 기준을 결정한다. 많은 시간과 인원이 소모되는 준비로 인해, 그것들은 한편으론 국제적 개방이 가장 높은 수익성을 내는 바로 그 순간(학사 이후 또는 석사 이후) 표준 대학들의 코스를 중단시킨다. 이런 노력 뒤에 성공한 학생들은 대개 직업을 잡거나 흔히 대학 본교로부터 멀리 떨어진 곳에서 실습을 마치는데, 그것은 더 독창적인 다른 지적 계획들에 피해를 입힌다. 실패한 학생들은 다시 한 번 그들의 운을 시험해 보거나, 또는 분한 마음으로 국제적 개방이 아직 자리를 덜 차지하고 있는 다른 길로 급선회하여 몰려간다. 이런 경쟁시험이 엘리트들을 지적하는 부차적인 역할밖에 하지 않거나, 교육 과정의 다른 순간에 개입하는 학과들 안에서 국제적 개방이 훨씬 더 많이 이루어졌다는 것은 중요한 일이다.

이런 비판이 교수 모집 방식의 불안정이나 그것들이 존재하지 않는 유럽 국가들에 박사학위 소지자들이 적응할 때 겪는 어려움과 비교되는, 다른 관점에서 본 프랑스식 경쟁시험의 몇몇 사회적 미덕들을 인정하는 것을 방해하지는 않는다. 하지만 자기 만족적인 이런 담론은 너무나 자주 해로운 지적 보수주의의 알리바이가 되어 대부분 학문적 기준, 대학의 기준에서 벗어나는 내용들을 영원히 반복하게 만든다. 국제적 개방의 필요성은 고등 교육 제도 안에서, 그리고 때로는 그것의 정점에서, 특히 그것들을 준비해야 할 운명의 교육들(고등사범학교 문과 수험 준비반, 이공대학 수험 준비반, 일반 그랑제콜 준비반)을 통해 흔히 연구의 현실적인 움직임으로부터 매우 심하게 단절된, 구시대적인 내용과 방법들을 영원히 반복하게 만드는 전형적인 프랑스식 경쟁시험(특히 그랑제콜과 교수자격시험)의 근본적인 변화를 그 어느 때보다도 시급하게 만들고 있다.

마지막 장벽이자 가장 분명한 장벽은 외국에서 성공한 학업의 물질적인 여건들과 관련이 있다. 에라스무스 프로그램의 잠재적인 상승에도 불구하고, 링구아 프로그램의 지지에도 불구하고, 일

부 지방 자치 단체들의 도움에도 불구하고, 프랑스 대학생들의 열
광에도 불구하고(1992/93년부터 교환 협정을 이용하는 프랑스 학생
들의 수가 독일 대학생들보다는 많고 영국 대학생들과는 같다. 하지
만 영국 대학생들은 언어 능력에 의해 이점이 있다) 프랑스 대학의
빈곤화와 결부된 핸디캡은 여전히 그대로 남아 있다. 교환 프로그
램 안에서 맞아들이기 위해서는 적당한 접대 여건을 갖춰야 한다.
자국의 학생들을 보내기 위해서는 충분한 재정적 지원이 필요하
다.[33] 지원자들을 끌어들이기 위해서는 매력적인 프로그램을 제안
해야 한다. 체류가 유익하려면 출발할 때와 돌아올 때 보강된 통
솔이 필요하다. 불충분한 장소, 유럽의 기준에도 미치지 못하는
도서관들, 지원받는 주거 시설의 부족, 만성적인 하위 행정, 독일
과 영국보다 못한 교수 배치율로 인해 프랑스의 대학 제도는 국제
적인 거울 속에서 자신의 결핍들의 확대된 그림자를 발견하고 있
다. 이런 비능률을 고치려는 자발적인 정책이 없기 때문에 이것은
덜 부유한 나라들의 대학생들만을 끌어들이고 있고 앞으로도 그
럴 것이며, 프랑스가 아직도 훌륭해 보이거나 좋은 이미지를 향유
하는 제한된 분야들에만 유럽의 대학생들을 유혹하고 있고 앞으
로도 그럴 것이다. 그것은 대개 삶의 질, 일부 지역의 기후, 이색
적인 문화 환경으로 인한 매력 같은 대학 외부의 이유들 때문이다.

---

33) ERASMUS 프로그램에 대한 예산의 증가에도 불구하고 모든 사람이 현
재의 장학금 총액이 충분하지 못하다는 것을 인정하고 있고, 그 점 때문에 그
들 자신의 재원을 보탤 수 있는 가정이나 추가 보조금 수혜자들에게 지원자가
국한되고 있다. 게다가 상급 과정에서 임금을 받는 대학생의 비율이 증가하
고 있는데(2차 과정에서는 24%, 3차 과정에서는 40%), 이는 유동성에 추가적
장애가 되고 있다.(《요컨대 CEREQ》, 132호, 1997년 6월)

1988년과 89년에는 프랑스에 온 외국 대학생들의 18.7%만이 유럽 출신이고 7.7%는 미국 출신이었다. 과학에서는 유럽 학생의 비율이 9.4%이고 미국 학생의 비율이 4.5%인데, 이것은 가장 경쟁적인 분야에서 나타나는 프랑스의 쇠약한 국제적 이미지의 표현이라 하겠다. 반대로 1992년과 93년에 피크 에라스무스(PIC-ERASMUS*)의 혜택을 받은 프랑스 대학생들은 자국의 대학들보다 더 좋은 배당을 받은 것으로 판단된 대학들을 가진 나라들로 대거 진출했다. 1만 5천8백35명의 수혜자 중에서 3천52명이 독일로, 6천6백29명이 영국 또는 아일랜드로 갔고, 남쪽 국가들로부터 프랑스로 오는 이민의 오랜 역사에도 불구하고 고작 1천2백80명이 이탈리아로, 2천4백78명이 스페인으로 갔다.[34]

제안들

• 개발에 관한 종합적 정책, 또는 이렇게 말할 수도 있다면 프랑스 대학의 **수준 조정**에 관한 종합적 정책만이 프랑스 대학으로 하여금 국제적인 변화에 제동을 거는 학업의 물질적 조건 면의 핸디캡들을 현실적으로 극복할 수 있게 해줄 것이다.

• 우리는 흔히 프랑스 코스들의 역사적인 기묘함(학년 구성, 자격 인정, 중간 휴지와 경쟁시험의 위치)으로 빚어지는 특수성이 심

---

34) CNE, 《대학: 개방의 가능성》(파리, 라 도퀴망타시옹 프랑세즈, 1991년), 72~73쪽. 모리스 플로리, 《유럽의 대학생들》(파리, 라 도퀴망타시옹 프랑세즈, 1993년), 149쪽.

사 대상이 되기를, 나아가 프랑스와 외국 대학들간에 학위의 취득과 재취득에 관한 협상을 할 때, 그리고 프랑스 대학과 외국 대학간의 협조 조약을 할 때 종합적으로 재검토되기를 기대할 수 있다.

• 대학 공동체는 자신이 촉진할 수 있고 또 촉진해야 하는 이런 종합적인, 하지만 너무나 필요한 변화를 기다리지 않아도 이제부터는 다양한 형태의 학위의 취득, 다시 말해 제1기 과정에서와 같은 체계적인 학습과 심화, 외국 개방의 주요 교육(최소한의 의무인 외국어 서적 읽기, 다국 개방을 함축하는 강의 주제, 초대된 교수들의 참가를 이용한 강압적인 출석과 함께 외국어로 된 강연이나 세미나의 주최 등)과의 관계에 의한 유지, 대학 도서관 내의 일관성 있는 외국 도서 구매 정책에 언어 차원을 등록시킬 수 있다.

• 대학을 국가 또는 지역과 연결시키는 계약들을 준비할 때, 그것의 국제 전략에 관한 토론을 기재하는 것은 필수적인 일이다. 이 토론은 결정권을 가진 소수 또는 소수의 홍보 전문가들에 의해 독점되어서는 안 되며, 교원 전체와 가장 진보적인 대학생 일부도 포함해야 한다.

• 최근까지 프랑스 대학들 내의 지배적인 세대는 아직까지도 언어가 무시된 중등 교육의 산물이었다. 현재 진행중인 교수단의 근본적인 쇄신은 지금은 탁월한 언어 능력을 갖추고 외국에서의 많은 만남과 체류 덕에 국제적인 프로그램들을 더 쉽게 세상에 내놓을 수 있는 세대들로부터 나온 것으로, 국제 분야에서 프랑스 대학들의 수준 조정과 회복 절차를 용이하게 해주어야 할 것이다. 그래도 제안들은 모든 수준에서 일관성이 있어야 하며, 이 추가 업무에 복종하는 사람들의 평가와 승진의 기준들 안에서 고려돼야만 한다.

결 론

최악의 정책은 최악의 경우에 관한 이런 종류의 정책이다. 최악의 경우란 교육 제도에 끼치는 사회적 압력과 그것이 야기하는 흐름을 분출시키는 것을 말한다. 현 상태의 프랑스 고등 교육은 그것이 철옹성 같은 분야들로 분할되는 데, 경험의 보존을 내걸고 명백한 선택들 사이에서 단호한 결단을 내리기를 거부하는 데 기여한 적대 관계와 세력 관계의 산물로서, 대립되는 제도들의 단점들을 누가하고 있다. 우리는 보수주의의 극단적 비관론과 아마추어의 이상주의를 모두 거부하며, 고등 교육에 절망하는 모든 이들에게 다시 한 번 의식화돼야 할 동기를 되돌려 주고자 한다. 왜냐하면 그런 집단적 의식화만이 우리 나라의 경제적 · 사회적 · 문화적 미래를 좌우하는 어떤 체제의 근본적이고도 지속적인 변화를 결정할 수 있기 때문이다.

우리의 제안들과 마찬가지로 우리의 묘사들은 가까운 미래를 위해 가능한 2개의 시나리오를 그리고 있다. 첫번째 시나리오는 우리가 묘사한 동향들이 작용하도록 내버려두는 것이다. 특히 이전의 무관심의 단계에 그랬던 것처럼 1986년과 1995년에 있었던 것——가장 최근의 위기들만을 언급하더라도——과 같은, 대학생 의식화를 야기하는 조처들을 폐기하면서 정면 충돌을 피하기 위해 요구들을 계속 조정하는 것이다. 이런 방임주의로 인해 70년부터 80년까지 10년 동안 그랬던 것처럼 필연적으로 붕괴와 빈곤화가 가속화되고, 시설들과 과정들 간의 격차가 벌어질 것이다. 그리고 그 결과 학생들 편에서는 실패에 의한 선발, 고립화, 새로운 바칼로레아 합격자들의 지표의 상실, 다른 학생들의 보호받는 분야들로의 도피, 증가하는 실패율, 사회적으로 판별되는, 학업의 연장을 낳는 자격들의 평가절하를 반대하는 흐름을 낳을 것이다. 교원들 편에서는 어려운 상황들에 가장 많이 노출된 이들의 사기 저하는, 보호받는 분야들 쪽으로 도피하는 가장 자격 있는 이들의 수적 증가와 금전적 · 행정적 결핍으로 인한 계층들간의 관계 악화를 수반할 것이다. 국제적 차원에서는 계약들과 외국의 파트너들에게 도움을 청함으로써 국가의 태만을 메우는 가장 부유한 분야들만이 살아남을 것이다. **받아들일 수 없는 이런 시나리오는** 대학 또는 대학 밖의 힘을 공유하는 여러 집단의 자발적 또는 비자발적 지지와 함께 일부 대학들 또는 일부 과정들 안에서 **이미 시작되었다.**

우리의 제안들이 권하는 추세의 **위기와 단절의 탈출 시나리오**는 어떤 비용을 내포한다. 그런데 국가는 마스트리히트 조약의 기준이나 앵글로 색슨의 신자유주의를 내걸고, 또는 지방 세력들의 욕망의 압력하에 손을 떼려 하고 있다. 위기에 처한 다른 사회적 예산들의 경우와 마찬가지로 매력적인 게임과 내기의 중요성은 중재를 정치적으로 어렵게 만든다. 최근 교육성이 그런 것처럼 우리는 모든 솜씨를 발휘해 하나의 난관을 극복하려다가 또 다른 난관에 부딪칠 수도 있고, 또는 왼손으로 준 것을 오른손으로 다시 빼앗을 수도 있다. 세상에서 가장 좋은 의도를 갖고도, 우리는 역사가 제도 안에 남긴 반대 세력들이 표현하는 압력 단체들과 로비들에 대해 구속과 참여라는 모순되는 세계 속에 들어박힐 수 있다. 어떤 정부의 널리 알려진 횡포로부터 구원을 기대하는 것은 지적으로는 순진하고 정치적으로는 수치스러운 일일 것이다. 제도적 추세 안에 기록된 쇠퇴와의 철저한 단절을 결정할 수 있는 움직임은 대학의 모든 부문 속에 동원된, 그리고 새로운 집단 계획을 부과할 수 있는 대학 공동체에서만 나올 수 있다.

프랑스는 견줄 수 있는 나라들보다 잘 못하고 있고, 미약한 노력으로 인해 전반적으로 보잘것없는 결과들을 기록하고 있다. 빈곤화의 악순환에서 벗어나기 위해 우리는 이미 보고들과 위원회들에서 모든 것을 제안했다. 대학들 고유의 재원의 증가(등록금, 계약들, 지속적인 교육), 지방 자치 단체들의 높은 참여, 사회적으로 더욱 다양화된 기준들에 따른 사회 부조의 개정, 코스 초기에 보수를 많이 받지 못하는 직원을 고용하게 하는 최초 과정들의 분리 증대 등이 그것이다. 이 제안들은 모두 대학 제도 안에서 차단할 수 있는 능력을 가진 집단들 중 하나의 거부를 필연적으로 야기한다.

우리가 보기엔 받아들일 수 없는 시나리오를 거부하는 해결책만이 바람직하다. 그런데 여기 인용된 자취들의 대부분은, 만일 우리가 그것들 주위에 방책을 치지 않으면 이런 방향으로 흘러갈 것이다. 이를테면 지방들과 마찬가지로 대학들도 파트너 개발과 적합한 재원 면에서 매우 불리한 입장에 놓여 있기 때문에, 만일 우리가 독일의 랜더들간에 존재하는 것과 유사한 균등화 장치를 준비하지 않는다면 주요 대학들과 포템킨 대학들간의 간격이 한층 더 벌어지게 될 것이다.

진정한 단절 정책의 재정적 비용은 우리가 정말로 그러기를 바랄 때에만, 다시 말해 만일 우리가 추구하는 척하는 목표들 즉 복구, 또는 학교의 은유를 사용해 말한다면 프랑스 고등 교육 제도 수준의 재조정을 정말로 원하지 않을 때에만 뛰어넘을 수 없는 장벽이 될 것이다. 그것은 동시에 경제적·문화적·정치적인 이유들로 인해 가장 시급하고 가장 의무적이며 가장 명백한 목표들 중 하나가 됐다. 프랑스는 최근 10여 년 동안 산업적 또는 기술적인 손실 외에 다른 아무 결과도 없는 계획들을 위해 훨씬 더 많은 금액을 낭비했다. 요컨대 이것은 비생산적인 증식로를 건설하는 것도 아니고 무능한 테크노크라트 경영의 재정적 손실을 메우는 것도 아니다. 그것은 중요한 목적들, 즉 대입반의 절반을 양성하는 것, 초등 교육과 중등 교육 교원들에게 교육자들, 다시 말해 이름에 걸맞는 교육을 보장하는 것, 세계의 학위 소지자들을 환영하는 나라로 남는 것, 가장 경쟁력 있는 프랑스 학자들이 적당한 일자리를 찾아 대서양 또는 독일 국경을 건너지 않게 만드는 것과 관계된 일이다. 이런 것들은 몇십억을 쓸 만한 가치가 충분히 있는 목표들이다.

물론 우리는 꿈을 꿀 수 있다. 다시 말해 대입반의 20%가 바칼로레아에서 학업을 멈추도록 설득하고, 그렇게 해서 취학 세대의 30%만 받아들이는 영국 대학들의 학업 환경을 따라잡을 수 있다고 믿을 수 있다. 프랑스의 기업인이 다른 나라들처럼 잘 이해된 자신의 이익을 염려하는 문예학술 옹호자가 되거나, 독일에서처럼 정말로 교육을 책임지는 것도 상상할 수 있다. 또는 최근 유행하는 자유주의적 토론에 따라 그들 교육의 실질적인 비용을 '고객들'이 내게 하는 것도 상상할 수 있다. 우리는 또 허구적인 이야기를 지어낼 수도 있다. 8월 4일 새벽에 국가의 귀족들, 그들의 대표들과 그들의 학교들이 불운한 대학생이라는 제3계급의 일부에게 이월하라고 그들의 특전과 예산의 30%를 국가에 위탁할지도 모른다.

재원의 증대와 학업 환경의 개선은 하나의 전제 조건이고, **새로운 집단 계약에 따라 모든 요인이 재동원될 때에만 제도는 원활히 돌아갈 것이다.** 대학인들과 IATOS들이 더 야심적인 환대 조건과 학업 조건의 개선 계획 위에서 뛰어드는 만큼 투자된 수단들의 효과는 더 클 것이다. 조합의 요구들('지역조합, 교사조합')을 그토록 오랫동안 그 안에 가둬두었던 금전적 수단의 문제, 새로운 대학 시민권과 대학생들의 대학에 대한 소속감의 발전에 관한 우리의 제안들, **대학 계획의** 정리, 대학 공동체의 존재를 충분히 보장하고 세분화, 단기적인 전망, 오늘날 맹위를 떨치고 있는 지역주의에 맞서 국가적이고 세계적인 평가 방침과 기준을 정할 수 있는 선정 기관의 신설 등 이 모든 것이, 어느것이 더는 아니더라도 똑같이 중요한 까닭이 거기 있다. 또한 그 기관은 달성해야 할 목표와 변화들에 관해 생각할 수 있어야 하고, 긍정적 또는 부정적 제재의 가능성을 갖고 그들의 참여와 비교하여 시설의 성공 또는 부족을 평가할 수 있어야 하며, 국제 상황 속에서 프랑스 현실의 자리를 찾을 수 있어야 한다. 요컨대 시설들과 대학인들에게 가장 부족한 토론과 결정의 장소를 돌려 줄 수 있어야 하고, 착수된 문제들과 취해진 조처들을 광고함으로써 관련된 모든 개인에게 불투명해진 어떤 세상에 관한 하나의 관측소를 고등 교육을 통해 제공할 수 있어야 한다. 사실 그 세상은 집단적 사고의 현장 자체가 되어야 할 것이다.

교원들의 이런 참여는 대학생들 자신도 그들의 미래를 준비하는 장소에 대한 무관심으로부터 벗어날 수 있도록 모든 것이 함께 이루어질 때에만 분명한 효과를 드러낼 것이다. 오늘날은 실제로 그들의 생활 여건과 그들의 자격·연구, 또는 그저 단순히 그들의 학업의 미래를 결정하는 기관들이 거의 전무한 상태이기 때문에 그들은 진정한 단체 생활에 접근해서 참다운 공동 계획을 집단적으로 정의하고 부과할 수 있는 수단을 제공해야 할 것이다. 그 일이 지금은 말을 독점한 정치화된 소수에게 위임됐지만 말이다. 이러한 조건에서만 분명히 없어서는 안 될 재정적·교육적 또는 지적인 투자가 충분한 효과를 낳을 수 있고, 대학 생활은 정치적·지적 사회화라는 너무나 중요한 자신의 기능을 더 완벽하게 수행할 수 있게 될 것이다.

기존의 사회 질서에의 조숙한 적응을 요구하고 획득하는 닫힌 과정들과는 대조적으로, 대학은 세대들간의 비판적 대결의 장소——아마 유일한 장소이기도 할 것이다——이고, 절대로 대치될 수 없는 감정적·정치적·예술적인 다양한 경험들의 장소이며, 많은 젊은 남녀들이 사회 질서 안에 결정적으로 통합되기 전에 지적인 삶을 닮은 어떤 것을 다소 긴 시간 동안 경험할 수 있는 유일한 기회이다. (우리는 60년대 이후 젊은 여성들이 고등 교육에 대거 접근한 현상의 이로운 모든 결과들을 아직 측정하지 못했다.) 대학이 무슨 대가를 치르더라도 지켜져야 하는, 대치될 수 없는 역할을 하는 것은 중산층 가정들이 그들의 아이들을 선택된 기숙 제도 안에 가둠으로써 지키고 싶어하는 모든 것을 불행히도 매우 훼손된 형태로 대학이 제공하기 때문이다. 그곳에서 아이들은 겨우 만화를 읽을 때에나 수학과 물리학에서 벗어난다. 경쟁과 지식의 재검토 현장(이것이 아직까지 고등 교육의 현실이다)이 붕괴됨으로써 모든 일반적인 생각들을 위축시키고, 학과의 전문화와 경제적인 작동 능력의 한계를 극복할 수 있으며, 젊음의 일부로부터 그의 사회적 운명과의 비판적 거리의 이런 부분을 빼앗는, 대치될 수 없는 형태의 비판 정신과 시민 정신, 비판적 시민 정신이 사라지게 될지 모른다. 그런데 젊은이들의 사회적 운명은 계발된 문화적 삶과 민주주의에의 적극적인 참여의 조건이다.

약호 목록

AES(Administration économique et sociale): 경제적 · 사회적 행정.

AMN(Allocataire moniteur normalien(ne)): 사범학교 출신의 보조 교사로 수당을 지급받는 사람.

ATER(attaché temporaire d'enseignement et de recherche): 교육 · 연구의 임시 감독관.

BTS(brevet de technicien supérieur): 고등기술자 면허증.

CA(Conseil d'administration): 행정 이사회.

CEVU(Conseil des études et de la vie universitaire): 학업과 대학 생활을 다루는 이사회.

CIES(Centre d'initiation à l'enseignement supérieur): 고등 교육 기초 교육 센터.

CNE(Comité national d'évaluation): 국립평가위원회.

CNESER(Conseil national des enseignements supérieurs et de la recherche): 고등 교육과 연구에 관한 국가 이사회.

CNU(Comité national des universités): 국립대학위원회.

CS(Conseil scientifique): 과학 이사회.

DEA(diplôme d'études approfondies): 심화 과정 학위.

DESS(diplôme d'études supérieures spécialisées): 고급 전문 과정 학위.

DEUG(diplôme d'études universitaires générales): 대학 교양 과정 학위.

DUT(diplôme universitaires de technologie): 기술대학 학위.

IATOS(personnel ingénieurs, administratif, techniciens, ouvriers et de service): 엔지니어, 행정관, 기술자, 노동자, 서비스직 직원.

IUP(Institut universitaire professionnalisé): 전문화된 대학 기관.

IUT(Institut universitaire de technologie): 기술대학 기관.

L, ES, S(sections lettres, économique et sociale et scientifique du baccal-auréat): 바칼로레아의 문학 · 경제학 · 사회학 · 과학 분야들.

PIC-ERASMUS(programme inter-universitaire de coopération qui lie deux ou plusieurs universités européennes pour des échanges d'enseignants et d'étudiants aidés par le budget communautaire): 단체의 예산에 의해 지원을 받은 교수들과 대학생들의 교환을 위해 유럽의 둘 또는 여러 대학들을 연결하는 대학간 협동 프로그램.

PRAG(Professeur agrégé enseignant dans le supérieur): 고등 교육 기관에서 가르치는 교수 자격증을 갖춘 교원.

PRCE(Professeur certifié enseignant dans le supérieur): 고등 교육 기관에서 가르치는 중등 교원 자격증을 갖춘 교원.

STS(Section de technicien supérieur): 고등 기술자 분야.

TD(Travaux dirigés): 지도 활동.

TP(Travaux pratiques): 실습 활동.

UFR(Unité de formation et de recherche): 교육과 연구 단위.

UV(Unité de valeur): 가치 단위.

김교신
서강대학교 불문과 졸업
역서: 《어른이 되기는 너무 힘들어》《르 코르뷔지에》
《레오나르도 다 빈치》《라틴 문학의 이해》
《노동의 종말에 반하여》《경제, 거대한 사탄인가?》
《문학은 무슨 소용이 있는가?》《맞불 · 2 》등

현대신서
139

위기의 대학

초판발행 : 2003년 8월 20일

지은이 : ARESER
옮긴이 : 김교신
총편집 : 韓仁淑
펴낸곳 : 東文選

제10-64호, 78. 12. 16 등록
110-300 서울 종로구 관훈동 74
전화 : 737-2795

편집설계 : 李娅롲 李惠允

ISBN 89-8038-296-0
ISBN 89-8038-050-X (현대신서)

東文選 現代新書 1

21세기를 위한 새로운 엘리트

FORSEEN 연구소 (프)

김경현 옮김

우리 사회의 미래를 누르고 있는 경제적·사회적 그리고 도덕적 불확실성과 격변하는 세계에서 새로운 지표들을 찾는 어려움은 엘리트들의 역할과 책임에 대한 재고를 요구한다.

엘리트의 쇄신은 불가피하다. 미래의 지도자들은 어떠한 모습을 갖게 될 것인가? 그들은 어떠한 조건하의 위기 속에서 흔들린 그들의 신뢰도를 다시금 회복할 수 있을 것인가? 기업의 경영을 위해 어떠한 변화를 기대해야 할 것인가? 미래의 결정자들을 위해서 어떠한 교육이 필요한가? 다가오는 시대의 의사결정자들에게 필요한 자질들은 어떠한 것들일까?

이 한 권의 연구보고서는 21세기를 이끌어 나갈 엘리트들에 대한 기대와 조건분석을 시도하고 있으며, 구체적으로 그들이 담당할 역할과 반드시 갖추어야 될 미래에 대한 비전을 제시하고 있다.

본서는 프랑스의 세계적인 커뮤니케이션 그룹인 아바스 그룹 산하의 포르셍 연구소에서 펴낸 《미래에 대한 예측총서》 중의 하나이다. 63개국에 걸친 연구원들의 활동을 바탕으로 세계적인 차원에서 우리 사회를 변화시키게 될 여러 가지 추세들을 깊숙이 파악하고 있다.

사회학적 추세를 연구하는 포르셍 연구소의 이번 연구는 단순히 미래를 예측하는 데에 그치는 것이 아니라, 미래를 준비하는 자들로 하여금 보충적인 성찰의 요소들을 비롯해서, 그들을 에워싸고 있는 세계에 대한 보다 넓은 이해를 지닌 상태에서 행동하고 앞날을 맞이하게끔 하기 위해서 이 관찰을 활용하자는 것이다.

東文選 現代新書 26

부르디외 사회학 입문

파트리스 보네위츠
문경자 옮김

사회학이란 무엇인가? 사회는 무엇이며, 그것은 어떻게 재생산되는가? 혹은 반대로 사회는 어떻게 변화하는가? 개인이 차지하는 위치는 무엇인가?

분열된 학문인 사회학에서 부르디외의 접근방식은 흥미를 끌지 않을 수 없다. 만약 그가 주장하듯이 과학적 분석이 장의 개념에서 출발하여 이루어질 수 있다면, 그 속에 속해 있는 행위자들 사이의 투쟁은 필연적일 것이다. 그렇기 때문에 그들 중의 일부는 보존 혹은 확장의 전략들을 이용하고, 또 다른 일부는 전복의 전략들을 이용하기도 한다.

본서는 고등학교 졸업반 및 대학 초년생들의 사회경제학 프로그램에 포함된 여러 주제들을 검토하는 데에 활용될 수 있다.
● 첫째, 부르디외를 그 자신의 역사적 · 이론적 추론의 틀 속에 위치시키면서 그를 소개한다.
● 사회화 과정, 사회의 계층화, 문화적 실천 혹은 불평등의 재생산과 같은 다양한 사회적 사실들을 해명할 수 있게 해주는 개념들과 방법론의 특수성을 설명한다.
● 마지막으로 이 이론의 주요한 한계들을 제시한다.

따라서 대개 산만하게 소개된 부르디외의 이론에 대해 일관된 관점을 가지고 싶어하는 학생들은 이 책을 읽음으로써 흥미를 느낄 수 있을 것이다. 또한 중요한 발췌문을 통해 부르디외의 텍스트들과 친숙해지고, 그의 연구를 더욱 심화, 확대시켜 나갈 수 있을 것이다.